O
Livro
DA
Felicidade

Dados Internacionais de Catalogação na Publicação (CIP)
(Câmara Brasileira do Livro, SP, Brasil)

Chittister, Joan
   O livro da felicidade / Joan Chittister ; tradução de Maria Elizabeth Hallak Neilson. – Petrópolis, RJ : Vozes, 2019.

   Título original: Happiness
   Bibliografia.

   1ª reimpressão, 2019.

   ISBN 978-85-326-6302-3

   1. Felicidade 2. Felicidade – Aspectos religiosos I. Título.

19-29539   CDD-248.4

Índices para catálogo sistemático:
1. Felicidade : Aspectos religiosos   248.4

Cibele Maria Dias – Bibliotecária – CRB-8/9427

Joan Chittister

O Livro da Felicidade

Tradução de Maria Elizabeth Hallak Neilson

VOZES NOBILIS

© 2011 Joan Chittister.
Publicado em 2011 por Wm. B. Eerdmans Publishing Co.

Título do original em inglês: *Happiness*

Direitos de publicação em língua portuguesa – Brasil:
2019, Editora Vozes Ltda.
Rua Frei Luís, 100
25689-900 Petrópolis, RJ
www.vozes.com.br
Brasil

Todos os direitos reservados. Nenhuma parte desta obra poderá ser reproduzida ou transmitida por qualquer forma e/ou quaisquer meios (eletrônico ou mecânico, incluindo fotocópia e gravação) ou arquivada em qualquer sistema ou banco de dados sem permissão escrita da editora.

CONSELHO EDITORIAL

Diretor
Gilberto Gonçalves Garcia

Editores
Aline dos Santos Carneiro
Edrian Josué Pasini
Marilac Loraine Oleniki
Welder Lancieri Marchini

Conselheiros
Francisco Morás
Ludovico Garmus
Teobaldo Heidemann
Volney J. Berkenbrock

Secretário executivo
João Batista Kreuch

Editoração: Maria da Conceição B. de Sousa
Diagramação: Sheilandre Desenv. Gráfico
Revisão gráfica: Alessandra Karl
Capa: Rafael Nicolaevsky

ISBN 978-85-326-6302-3 (Brasil)
ISBN 978-0-8028-6481-9 (Estados Unidos)

Editado conforme o novo acordo ortográfico.

Este livro foi composto e impresso pela Editora Vozes Ltda.

Este livro é dedicado a Susan Doubet, O.S.B., em agradecimento pelo tipo de apoio e assistência que fazem uma vida feliz – a minha, certeza; e, assim espero, a dela também.

Sumário

Agradecimentos, 9

Introdução, 13

1 A felicidade é um processo, 21
2 O significado da felicidade numa era global, 28

Felicidade: uma busca universal, 35
3 O que os dados sociais nos dizem e o que não nos revelam, 37
4 O que faz as pessoas felizes ao redor do mundo, 41
5 Grupo, ego ou outra coisa, 46
6 O que faz uma pessoa feliz, 53
7 Saúde pessoal e felicidade, 59
8 A felicidade é uma expectativa cultural, 63

Felicidade: o presente da natureza, 69
9 A felicidade e o cérebro, 71
10 Estruturado para a felicidade, 80
11 A felicidade é uma meta, 85
12 A felicidade é um valor, 90

Felicidade: um compromisso com a escolha, 99
13 Psicologia e felicidade, 101
14 Os fundamentos da felicidade, 106
15 Felicidade: o que *não* constitui a sua essência, 112
16 Felicidade: a maneira de expandi-la, 118
17 Os atributos da felicidade, 126

Felicidade: juntando as partes, 135

18 Positividade, 137

19 Extroversão, 142

20 Vínculo, 146

21 Competência, 151

22 Autonomia, 156

23 Significado, 161

24 Quando a infelicidade nos inunda; e aí?, 165

Felicidade: o dilema humano, 171

25 Filosofia: a busca de sentido, 173

26 A felicidade de lá para cá, 179

27 Felicidade e prazer, 187

28 A felicidade é buscada, não conquistada, 192

29 A felicidade é possível, mas não garantida, 199

30 Felicidade e escolha, 204

31 Felicidade e direitos humanos, 211

32 Prazer e felicidade: a diferença entre os dois, 216

Felicidade: a eterna meta, 221

33 A vida boa: a felicidade que perdura, 223

34 Religião: um dedo apontando para a lua, 228

35 Hinduísmo: a única coisa necessária, 232

36 Hinduísmo: a medida de uma vida feliz, 236

37 Budismo: o convite ao fim do sofrimento, 240

38 Budismo: o caminho para a liberdade, 244

39 Judaísmo: escolhido para ser feliz, 249

40 Judaísmo: o povo da Lei, 254

41 Cristianismo: a felicidade está em outro lugar, 258

42 Cristianismo: bem-aventurados são aqueles que..., 263

43 Islamismo: submissão e comunidade, 267

44 Islamismo: vivendo a vida boa, 270

45 Religião e os caminhos para a felicidade, 274

Epílogo – Juntando as partes, 281

Agradecimentos

Felicidade é um negócio muito sério. Não é algo que se deva tomar como garantido. Não é algo que nos leva a presumir que o simples fato de estar vivos nos assegura de que poderemos nos transformar no epítome de nossas aspirações. Tampouco é uma garantia de que as nossas próprias aspirações, a nossa própria definição de felicidade, seja, de fato, o pote de ouro no fim do arco-íris.

Sociedade, cultura, publicidade, cada qual faz sua parte para definir a felicidade que buscamos. Nós a vemos na televisão: é o modelo novo de um carro com uma mulher alta e esguia derramando-se sobre o capô. É um diploma universitário com a promessa de um estilo de vida exótico. É uma vida sem trabalho, sem preocupação, sem a necessidade de dinheiro.

Mas não é só isso. Aliás, talvez não seja nada disso.

A verdade é que há tanta substância na felicidade quanto na esperança de que algum dia, de alguma maneira, nós atingiremos um estado de... De quê? De prazer. De satisfação. De *status*. De segurança. De fama. De quê? O propósito deste livro concentra-se na "descoberta deste 'de quê'".

A busca séria da felicidade é um passeio pelos muitos níveis e facetas da vida. É a avaliação honesta sobre se aquilo que nos dizem para conquistarmos tem constituído, realmente, a substância da nossa felicidade. É uma análise ponderada do que nos é apregoado a respeito de como podemos alcançá-la.

São inúmeros os especialistas em felicidade: sociólogos, cientistas, psicólogos, filósofos e líderes de grandes tradições espirituais. O que eles têm a nos dizer sobre a verdadeira essência da felicidade? Este livro consiste numa peregrinação através de todas essas coordenadas da nossa existência. O que cada um dos especialistas nos assevera merece profunda reflexão, comparação perspicaz, serena instigação e, no fim, algum tipo de síntese destinada a equilibrar as distintas equações.

Ao invés de simplesmente oferecer mais uma fórmula particular para a felicidade, dei-me conta, com absoluta clareza, de que este livro só seria relevante se todas as múltiplas dimensões daquilo que o mundo chama de "felicidade" fossem consideradas, contribuindo assim para que os leitores se tornem mais capazes de descobrir suas próprias competências, e, por conseguinte, se encontrem mais preparados para traçar o curso do restante da sua jornada existencial.

Este tem sido um projeto profundamente revelador. Sinto-me deveras feliz de haver escrito este livro. Ainda que ninguém mais, além de mim, jamais o leia, creio que terá me acrescentado um bocado, visto me haver disponibilizado um parâmetro para avaliar as diversas esferas da minha vida, permitindo-me detectar o que era demasiado num âmbito ou escasso noutro.

Espero que você vivencie essa mesma experiência à medida que nos debrucemos sobre o cerne de cada uma das áreas e averiguemos o impacto que cada uma delas tem tido sobre a nossa própria busca da felicidade, sobre as nossas escorregadas nos excessos.

Porém um projeto de tamanha extensão requer uma considerável rede de apoio. E a tenho tido muito mais do que qualquer um poderia esperar.

Sou muitíssimo grata à minha editora, Sandra De Groot, por sua infinita paciência comigo, enquanto eu avançava de um enfoque para outro. Principalmente, ao olhar para trás, para o seu encorajamento e a sua confiança, os perceberei como uma das maiores dádivas do meu ofício de escritora.

Agradeço também àqueles ao meu redor que sempre têm carregado parte do fardo inerente à produção de uma obra literária: em primeiro lugar me possibilitando escrever e, em segundo, criando um espaço real para que tal aconteça. Sou grata, em especial, a Maureen Tobin, O.S.B., colega de trabalho, assistente e amiga de longa data. Se posso abrir uma brecha na minha agenda diária para me dedicar à pesquisa e à escrita, devo-o a Maureen, que segura o mundo do lado de fora enquanto me escondo dele.

Sou grata a Mary Lou Kownacki, O.S.B., cujo olhar de editora e coração de poeta me mantêm declamando quando estou mais propensa a um tom professoral. O meu obrigada a Susan Doubet, O.S.B., pelas incontáveis e pacientes horas de leitura e preparação do manuscrito. O tempo que ambas investiram neste refinamento editorial tornou meu original muito melhor do que eu jamais o conseguiria sozinha.

Sou imensamente agradecida ao grupo de leitores que estabeleceu comparações entre o texto e as suas próprias experiências, que apresentou sugestões, conferiu vivacidade e possibilitou a confirmação de ideias que trouxeram esta obra à luz da realidade. Linda Romey, O.S.B., Anne McCarthy, O.S.B. e Marlene Bertke, O.S.B. contribuíram generosamente com *insights* sagazes e orientação incisiva na composição deste trabalho.

Gail Freyne, Jerry Trambley, Lyta e Bob Seddig, todos ofereceram, a partir de seu próprio campo de estudo, especialidade e experiência pessoal, uma perspectiva privilegiada tanto do material quanto da expectativa dos leitores. O tempo que isto exigiu deles é uma dádiva grande demais para que eu seja capaz de retribuí-la.

Toda a reflexão, análise e apoio recebidos, renovaram e aprofundaram o meu trabalho e o manuscrito. O que permanece sem ter sido dito, ou é expressado de uma forma que deixa a desejar, é responsabilidade minha apenas.

Por fim, agradeço à minha comunidade em geral, as Irmãs Beneditinas de Erie, pelo apoio permanente concedido a esta minha muito estranha propensão de escrever, como uma vocação *bona fide* inclusa na minha vocação.

Uma coisa aprendi com este livro: a felicidade com certeza é possível, mas talvez não seja aquilo que pensamos que é quando começamos a procurá-la.

Introdução

Entre as lendas orientais, escritas milhares de anos atrás, há uma fábula que, nos anais da busca contemporânea da felicidade, conserva o seu frescor.

> Era uma vez um anjo. Este apareceu a um peregrino, que labutava duro nos campos da vida, e disse-lhe:
> – Recebi dos deuses a missão de lhe comunicar que você terá mais 10 mil vidas para viver.
> O andarilho, que durante anos a fio perseguira o sonho da vida eterna, desabou no chão desesperado e bradou:
> – Oh, não! Mais 10 mil vidas ainda; mais 10 mil vidas ainda! – E pôs-se a se lastimar e a rolar na terra.
> Em seguida o anjo partiu em busca de outro peregrino. Encontrou-o encurvado, fustigado pelo calor do dia, e repetiu a mesma mensagem:
> – Recebi dos deuses a missão de lhe comunicar que você terá mais 10 mil vidas para viver.
> – Sério? – o homem exclamou. – Ainda mais 10 mil vidas? – Então ele endireitou os ombros, atirou os braços para o alto, ergueu a cabeça e, radiante, começou a dançar e saltitar, e a gritar empolgado, tomado da mais genuína alegria:
> – Ainda mais 10 mil vidas! Ainda mais 10 mil vidas!

Esta história nos deixa totalmente desarmados – senão completamente atônitos. É uma narrativa encantadora, embora desconcertante. Qual dos dois peregrinos demonstra possuir uma compreensão mais acertada da natureza da vida? Ou, melhor, algum dos dois a possui?

Com a passagem dos anos, percebi existir um pouco de ambos andarilhos em todos nós. Com certeza existe em mim.

Tal como o primeiro peregrino, a quem foram prometidas mais 10 mil vidas, a essa simples ideia parte de mim já se vê enfrentando os altos e baixos da caminhada e, como o salmista hebreu, lamurio: "Ai de mim, pois minha jornada é demorada". Também faço minhas as palavras do poeta, "Dos homens, sozinho, em meu exílio", quando a vida dá uma de suas guinadas erráticas e se vira contra mim, privando-me – rumino eu –, ou rejeitando-me, ou, principalmente, negando-me o que aspiro. E lamento a ausência de alguma coisa, de alguém, de uma época, de algum lugar os quais, estou convencida, sem dúvida me fariam feliz outra vez.

É fácil demais nos concentrar no que não temos, a ponto de ignorar tudo o que temos.

Esta é, parece-me, uma descrição satisfatória da luta pela felicidade na maioria das sociedades cuja base econômica depende de induzir as pessoas a quererem mais do que necessitam. E inundados por uma sensação de desvantagem, nos comparamos com aqueles que julgamos mais felizes do que nós.

Sobretudo, a exemplo do peregrino da nossa fábula – que sucumbe ao desespero diante da possibilidade de ver-se obrigado a continuar pelejando por muito mais tempo do que o razoável – nós enxergamos a vida com um olhar distorcido, não desejamos mais nenhuma de suas labutas, nos desanimamos e esquecemos – e até negamos – as suas alegrias.

Todavia, outra parte de nós tem uma sede de viver impossível de ser saciada. Quanto mais as suas surpresas, quanto maiores os seus desafios e mais amplo o seu leque, mais acelerado bate o nosso coração e mais profundamente a nossa alma respira na antecipação do amanhã. Nós nos levantamos a cada amanhecer prontos para o que quer que aquele dia nos trouxer, tencionando adequá-lo aos nossos desígnios. Sentimo-nos cheios de vitalidade.

Eis a questão: qual dos dois peregrinos está certo? Será a vida, na sua essência, um fardo que mal conseguimos carregar, difícil de ser tolerada e seguramente destinada a nos infundir medo em razão de suas exigências e tristezas ao longo da jornada? Ou será a vida o *workshop* mais rotineiro da felicidade? A oficina onde devemos forjar e configurar, conceber e esculpir para nós mesmos os contornos de uma existência tão estável, tão feliz, que não haverá uma só coisa, um só acontecimento, cotidiano ou isolado, capaz de aniquilar o seu vigor?

Somos nós meras vítimas, aprisionadas nessa teia denominada vida, cabendo-nos apenas suportá-la e às suas provas até, por fim, escaparmos aos seus caprichos? Ou estamos destinados a ser os artesãos ocultos de nossa existência, embora não tenhamos nenhuma ideia de qual material usar para moldá-la? Se, instintivamente, sabemos ser os únicos artífices factíveis da plenitude da nossa própria felicidade, então é imprescindível uma reflexão consciente sobre o que isto demanda de nós, ou a vida simplesmente passará enquanto estamos planejando como vivê-la.

As implicações deste tipo de raciocínio são avassaladoras: é possível que estejamos destinados a ser os portadores da felicidade e também os seus recipientes? Caso seja assim, precisamos parar de esperar que alguém apareça para nos fazer felizes. Por conseguinte, a felicidade não é obra do acaso, um incidente aleatório no percurso da nossa trajetória, e sim uma qualidade pessoal a ser dominada, exercida e acreditada.

Se estamos vivos somente para superar uma série de provas cósmicas anônimas com o intuito de vencer um jogo que nunca nos foi, de fato, ensinado a jogar, decerto há alguma coisa injusta nessa história toda. Neste caso seríamos, pelos anos afora, semelhantes a uma borboleta presa por um alfinete, nada além de um espécime de pesquisa, que não só jamais conheceu as regras do jogo, como tampouco descobriu qual era a sua pontuação.

Entretanto esta não tem sido a minha experiência pessoal.

Amo a vida. Como o segundo peregrino, tenho amado cada um de seus instantes, a despeito da imensa dificuldade de haver crescido numa família que nunca foi realmente uma família. Sempre ansiei por cada novo sopro de ar. Sempre percebi a minha existência como algo que ia se tornando melhor, mais plena, embora estivesse vivendo uma vida que, em virtude de sua própria natureza, limitasse o meu acesso àquilo que os outros costumavam considerar como sinais de sua segurança, de seu sucesso, ou de seus registros permanentes de felicidade. Envelheci e passei a amar a vida ainda mais. Não resta muita *memorabilia* guardada em minhas gavetas e armários, porém descobri dentro de mim um manancial de significados dessas recordações. Quaisquer que tenham sido as batalhas que travei – as mortes de pessoas próximas, as reviravoltas, a pólio, as dolorosas tentativas de suavizar as fases esmagadas sob o peso da inércia – eu acolheria ainda mais, se pudesse. E acredito estar longe de ser a única!

Todavia, simultaneamente, a sociedade contemporânea tem, há muito, estado à mercê do primeiro peregrino. Claro que existe esta tal felicidade, afinal nós temos aprendido – pelo menos na nossa sociedade – a desejá-la já. Na verdade, a esperá-la já. Aliás, as pessoas imersas neste tipo de cultura presumem que irão comprar a felicidade exatamente como compram qualquer outro produto. Nós nos sentimos melhor depois de uma farra consumista. Nós comemos comida reconfortante. Diariamente consultamos as ações da bolsa. E, como último recurso, fazemos compras e mais compras, muitas vezes extrapolando as nossas posses. Nós compramos carro, casa, férias acima do nosso orçamento, apenas para provar a nós mesmos que estamos chegando mais perto do Shangri-la do capitalismo. E então, não raro, descobrimos que não nos sentimos melhor em relação à vida do que nos sentíamos antes de nos endividarmos.

Mas se dinheiro não garante a felicidade, o que a garante? Talvez a felicidade seja simplesmente um capricho da natureza. Um "golpe de sorte", nós alardeamos. Algumas pessoas parecem ter tudo. De um jeito ou de outro, conseguem os melhores empregos, aqueles para os quais fomos rejeitados, ou nem sequer considerados. Essas pessoas sim, podem permitir-se ser felizes. Entretanto outras, a maioria delas – como eu, por exemplo – não se encaixa nesse perfil.

A felicidade, concluímos, foge ao nosso controle. Quando muito, é evasiva, arbitrária, um estado desfrutado por alguns em razão de seu direito inato, ou através de um golpe de sorte cósmico que menospreza o restante de nós. Para você e para mim, as pessoas comuns, não sobra nada, exceto pôr a nossa esperança em outros mundos, ou em absolutamente coisa nenhuma.

O problema, é óbvio, consiste em não só identificar exatamente o que é a felicidade, mas também em como alcançá-la.

Este livro pretende desenvolver uma arqueologia da felicidade. Pretende realizar uma extensa "escavação" da felicidade. Pretende ordenar os cascalhos das eras, os arquivos das principais áreas de estudo da vida – sociologia, biologia, neurologia, psicologia, filosofia e religião – para determinar como a felicidade tem sido definida nas múltiplas disciplinas através dos séculos.

Nós iremos nos ater a trechos do pensamento das mentes notáveis que nos antecederam, refletir sobre a sabedoria de suas ideias e nos assombrar com a sua audácia.

Também iremos analisar alguns extratos das ideias que permeiam a nossa própria era e que têm sido captadas nas pesquisas sociais, ou reveladas por pesquisadores contemporâneos.

Nós iremos ponderar as conclusões resultantes da nova ciência da felicidade.

Iremos sondar os filósofos ao longo dos séculos para descobrir como a felicidade tem sido definida em épocas pregressas.

Iremos comparar as ideias sobre a felicidade conforme têm sido transmitidas de geração em geração pelas principais tradições espirituais.

Iremos comparar todas essas respostas com as reminiscências das nossas experiências pessoais e então nos indagar quais, dentre esses outros conceitos, nos têm escapado e em quais – dos nossos próprios conceitos – não temos conseguido confiar.

E, sobretudo, iremos nos debruçar sobre os fragmentos de sabedoria que cada uma dessas ideias, definições e experiências sugerem, na esperança de abrir para nós mesmos, por entre tão densa vegetação, o nosso novo caminho através da vida denominado "felicidade".

Ao começar este livro, olho para trás, para uma vida que dá a impressão de haver tido sua parcela do que o mundo poderia chamar de infelicidade: mortes precoces que alteraram o curso da minha existência, porém eu não diria que a destruíram; doenças debilitantes que nunca verdadeiramente me debilitaram; mudanças bruscas das esperanças e planos de uma vida inteira que me deixaram um pouquinho melancólica, mas de modo algum derrotada; e as lutas contínuas para ser plenamente humana num mundo masculino e plenamente adulta numa cultura religiosa cuja história tem desvirtuado a sua teologia, cuja prática tem parecido estar mais confortável com disciplinadores e subordinados subservientes, com falsos amigos e mandatários do sexo masculino do que com mulheres pensantes. Entretanto, a despeito de quão real seja tudo isso, essas coisas constituem matéria de desafios, não de infelicidade. A menos, é claro, que eu fracasse em perceber a distinção entre o que é para ser desafiado pela vida e o que por ela deve ser realizado.

A felicidade, assim constatei, é um trabalho em progresso.

Por conseguinte, este é um livro destinado a ser finalizado pelo leitor. Contudo, o mais importante, penso eu, é que após haver lido e refletido sobre todas essas ideias, cada um de nós elabore uma espécie de filosofia da felicidade para si.

E tendo enfrentado os obstáculos internos à felicidade, que possamos nos desatracar do que quer que esteja nos amarrando ao passado. Caso estejamos, de fato, buscando a felicidade, nós devemos encarar o que quer que esteja nos ancorando de formas que nos privam – ou aos outros – da própria felicidade que perseguimos. Devemos arrancar pela raiz o medo, a raiva, a superficialidade, a incerteza e a negatividade que tentam minar os nossos momentos felizes. Então, ao enxergar com mais clareza aquilo que a felicidade demanda de nós, nos tornamos capazes de reconfigurar a nossa rota para a plenitude da vida e percorrê--la com confiança e coragem.

As culturas indígenas dos mais diversos lugares – Ásia, Europa e os povos nativos das Américas – presentearam as gerações futuras com um ícone da felicidade que persiste até hoje. Valorizado por sua beleza, todavia esquivo devido à sua raridade, o pássaro azul da felicidade está à espreita no coração de cada cultura, uma possibilidade sempre real, porém nunca totalmente realizável. Magnético em seu voo, a ponto de nos tirar o fôlego, buscado, mas quase nunca encontrado – e ainda mais difícil de ser capturado e aprisionado – o pássaro azul fascina artistas de todos os matizes, em todos os cantos, que continuam a proclamar – por meio deste ícone – a percepção universal da eternamente atraente e eternamente etérea natureza da felicidade.

O pássaro azul em voo – singular devido a sua cor, procurado por sua beleza, eternizado nas artes, na mitologia e nas canções como o arauto perene de realizações felizes na vida – permanece também para nós como um ícone de transição da quase-mas-não-inteiramente-efetivada realização de nossos maiores desejos e mais grandiosas esperanças.

Possa o pássaro azul da felicidade guiar o peregrino existente em você através de todas essas ideias até as profundezas da sua própria alma, até o cume das suas mais sublimes aspirações e até a plenitude do significado da felicidade que você tem incessantemente buscado.

1
A felicidade é um processo

Todo mundo que eu conheço quer ser feliz. Nunca antes na história tem-se escrito tanto sobre a felicidade, e por tanta gente. Não obstante, o que significa ser "feliz" e o processo de vir a sê-lo, embora dissecados repetidas vezes, permanece mais um labirinto do que um mapa. As respostas são inúmeras, porém o ilusionismo emocional necessário para conquistar os vários tipos de felicidade sobre os quais as pessoas falam parece, na melhor das hipóteses, inatingível.

A relativa distância entre a felicidade real e a fantasia comercial numa sociedade de consumo, por exemplo, é, aproximadamente, a mesma distância de uma viagem daqui até a lua. A tecnologia dispõe de meios para nos mandar para a lua, é óbvio – todavia, é muitíssimo improvável que ponhamos os pés lá. Portanto, será que não possuir dinheiro para chegar à lua capitalista pressupõe que nunca seremos seres humanos plenamente desenvolvidos, totalmente satisfeitos em ser os provedores de nossa própria existência?

Será possível também que pelo menos alguns, algum dia, possuirão dinheiro suficiente para adquirir tudo o que a nossa sociedade anuncia como essencial à felicidade? Por outro lado, considerando a vasta coleção daquilo que nos é incutido desejar, trata-se de uma probabilidade igualmente duvidosa.

Um verdadeiro conglomerado de indústrias tem sido criado no Ocidente consumista com o único objetivo de gerar desejos irrealizáveis em nós. E, por pura ironia, o resultado dessa investida não é outro senão fazer com que essa espécie de felicidade – que depende da aquisição do maior, do mais novo e do melhor – seja absolutamente inalcançável, pois sempre haverá por aí alguma coisa mais nova que ainda nos falta.

Também é factível passar a vida inteira numa busca incessante da felicidade. Dispomos, neste mundo, de tudo o que é imprescindível para nos levar aonde quer que a felicidade esteja. Afinal, conhecemos todas as promessas; assistimos a todas as propagandas; podemos ir a qualquer lugar que qualquer um nos recomende – seja uma pista de esqui *indoor* em Dubai, uma ilha tropical no Pacífico, ou uma mansão no topo de uma montanha da Riviera. Entretanto, a despeito disso, é bastante improvável que a maioria de nós vá ganhar passagens para a viagem. E se acabássemos num desses lugares? Faria mesmo alguma diferença?

Mas eis que continuamos alimentando nossos sonhos. É excitante pensar que algum dia, enfim, conseguiremos acumular todas as coisas, todas as experiências que tornam a vida fascinante, interessante, confortável e segura. Sim, é uma doce fantasia. Contudo, depois de um dia de trabalho para pagar as contas, sabemos, bem no íntimo, que tal possibilidade é, quando muito, ilusória.

Então quer dizer que somos carta fora do baralho? Será a felicidade – a verdadeira felicidade – inatingível para gente como nós? Será a própria esperança de conquistá-la nada além de água escorrendo por entre nossos dedos? Será hora de abandonar nossos anseios pueris por uma lua há muito fora de alcance, uma miragem, um sonho adolescente, bobo, irreal e vazio? "A maioria dos homens vivem vidas de silencioso desespero", escreveu Thoreau.

E vão para a sepultura com uma melodia inacabada na alma. Estaria Thoreau se referindo a nós? Será hora de esquecer tudo isso e aceitar insignificância dos nossos dias? Ou será hora de adotar uma abordagem mais simples, realista e pungente de tudo isso?

O fato é que as pessoas não alcançam a lua simplesmente esperando chegar lá. Treinam e estudam para a empreitada durante anos; reconhecem que ser capazes de empreender uma jornada de tamanha envergadura depende tanto das mudanças pessoais, decorrentes do treinamento, quanto dos avanços da tecnologia para catapultá-las no espaço.

As pessoas não alcançam a felicidade simplesmente desejando-a. Esperar por ela não a garante. Aspirar por ela não a faz acontecer. Precisamos compreender o que é a felicidade, ou jamais saberemos se a temos ou não.

Um anúncio *pop-up*, que pipocou na tela do meu computador, expõe toda a heresia que cerca a felicidade numa sociedade moderna. *Acorde feliz,* proclamava o anúncio. Assinado, *hoteis.com*

As implicações deste tipo de pensamento são tristes e tolas o bastante para causar arrepios em qualquer um. No nosso mundo, tudo de que você carece para ser feliz hoje em dia – segundo nos ensinam uma propaganda após a outra – é usar o creme dental certo, frequentar as escolas certas, dirigir os carros certos, ganhar o salário certo, abocanhar a promoção certa, casar com a pessoa certa – e acordar no hotel certo. A indagação levantada por essa linha de raciocínio é brutal: para ser feliz, quanto você terá que comprar neste mundo consumista, em que as necessidades são fabricadas e depois precificadas muito além da alçada das criaturas comuns? E se você consegue adquiri-las, o que fazer com elas?

O que é a felicidade então?

A verdade é esta: *Quem tem posses tem preocupações,* conforme afirma o ditado queniano. Acumulação não é nenhum substituto para muito de qualquer coisa. Exceto, talvez, para mais do mesmo. Mais carros, mais barcos, mais manutenções. Todavia, mais das mesmas coisas pouco ou nada contribuem para expandir nossa alma até os recônditos do entendimento, para aprofundar nossos *insights*, para aumentar a nossa sabedoria.

Não, a felicidade não chega rapidamente. Não é deslanchada por nenhum acontecimento único, não importando quão excitante, confortador ou gratificante esse evento possa ser. A felicidade não pode ser comprada, apesar da sedução da novidade, do moderno, do reluzente, do melhor. A felicidade, assim como a bruma do poeta Carl Sandburg, "Chega com os passos suaves de um felino", muitas vezes silenciosamente, muitas vezes sem que saibamos e quase sempre sem que a percebamos.

O problema é que já não gostamos de "demoras". Em nada. Queremos riqueza instantânea e sucesso instantâneo. A consequência dessa urgência é que não temos mais a mínima ideia das camadas de aperfeiçoamento resultantes do aprendizado de viver a vida com vagar.

A beleza de aprender a lançar a isca e aguardar, durante horas, um puxão na linha que talvez nunca aconteça nos escapa agora. Nós compramos o nosso peixe; já não o pescamos. Nós o compramos limpo, fatiado e embalado no supermercado, ao invés de tirá-lo, molhado e brilhante, do mar. Nós compramos as nossas frutas descascadas e picadas na delicatéssen; já não as apanhamos das árvores. Já não paramos um instante para admirar o pôr do sol antes de tirar o peixe da água, ou de descer a escada com um cesto cheio de cerejas.

Já não temos mais a sensibilidade para imaginar as muitas horas de trabalho do artesão até que aquele porta-retrato de madeira, comprado para a escrivaninha da biblioteca, fosse considerado bom o bastante, criativo o bastante e primoroso o bastante para ser colocado à venda.

Logo, como é possível que tenhamos paciência para extrair o significado dos momentos da nossa vida enquanto corremos de um para o outro?

O histórico *Estudo longitudinal*, de George Vaillant, dos homens de Harvard e a pesquisa similar de Lewis Terman de homens e mulheres, seguem o lento desabrochar de uma pessoa, de sua existência e, principalmente, de sua compreensão da própria vida[1].

Indagados, ao longo dos anos, repetidas vezes, o que mais desejariam que pudesse ter sido mudado em suas vidas, os homens e mulheres participantes da pesquisa, à medida que envelheciam, mais tendiam a responder "nada", declarando que não modificariam coisa alguma. Nem as mortes, nem as dificuldades, nem as lutas, nem as perdas. Mudar qualquer coisa da sua história pessoal, essas pessoas vinham a compreender, haveria depreciado a joia que era sua vida, uma pedra preciosa que fora lapidada e polida lentamente nas oficinas da vida e que, por fim, os tornara quem eram.

A felicidade é, claramente, um gosto adquirido. Ela resulta de estarmos imbuídos das verdades da vida tempo suficiente para havermos aprendido não apenas a sobrevivê-las, mas também a ir além de sua mera aparência para sorver de sua fonte. É absolutamente esplendorosa essa transição do estar vivo para o estar cheio de vida e é algo que acontece em muitas etapas, fruto de numerosas experiências. Leva-se uma vida inteira para aprender tanto a estar com os outros quanto a estar sozinho.

A idade adulta, por exemplo, é o processo do conhecimento do eu. O casamento nos propicia conhecer as perspectivas

---

1 O estudo de George Vaillant é discutido por Joshua Wolf Shenk em seu ensaio "What Makes Us Happy?", na edição de junho de 2009, p. 36-53, da revista *The Atlantic*.

e as verdades de alguém além de nós mesmos. O crescimento permite cada parte de um organismo desenvolver-se num ritmo harmonioso com o restante do corpo. Porém a sabedoria é o processo de extrair o significado de nossa existência das experiências vividas. E cada uma dessas etapas, cada passo desse processo, consome anos.

É devido a este tipo de reflexão que a felicidade se infiltra através dos acontecimentos aparentemente mais inexpressivos da vida para se converter na própria essência de nossa vida.

Nós observamos os nossos filhos passarem das pirraças características dos 2 anos e atravessarem as birras da adolescência até chegarem à fortaleza de caráter que os transporta para além do desespero de seus primeiros fracassos e também para além da arrogância de seus primeiros sucessos. E nos sentimos felizes. Houve ocasiões, no decorrer do crescimento dos nossos filhos, que chegamos a desejar que nunca os tivéssemos tido? Sim, sem dúvida. Por quê? Porque a felicidade é um processo composto de um pouco de todas as coisas – as amargas e as doces – até que o doce se converta no estágio final do processo denominado parental. Nós nos lembramos também do brilho no olhar de nossos pais ao nos virem atingir o patamar de independência e integridade, de comprometimento adulto e determinação moral, e estávamos todos felizes – nós e eles – todas as birras esquecidas, todos os bicos transmutados em sorrisos, todas as derrotas tendo valido a pena.

A felicidade é o processo de conduzir a vida até aquele ponto de entendimento do porquê do que aconteceu ter acontecido.

É neste ponto que aceitamos o que nos aconteceu como necessário, ou pelo menos como importante para o nosso crescimento.

É o ponto em que alcançamos uma sensação de plenitude de vida, de não carecer de mais nada, de nos sentirmos completos em nós mesmos. E, finalmente, é o processo de haver chegado ao ponto de podermos nos entregar a algo maior do que nós mesmos.

"Alegra-nos pelos anos em que sofremos", suplica o salmista. Houve fases boas ao longo da caminhada? Claro que sim, pois foram estas que conservaram o nosso vigor quando queríamos desistir. Houve tribulações quando preferiríamos a calmaria? Claro que sim, visto ser o que produziu a alquimia da vida, que fez de nós adultos, que nos ensinou a ter compaixão pelos outros, que nos dá de esperança no futuro e de coragem para persegui-la.

Do que se trata a vida? A vida trata-se de desenvolver as habilidades para vivê-la. Trata-se de chegar à maturidade do eu, de descobrir o que realmente é preciso para ser feliz. E isto leva muito, muito tempo. Assim, se não estou feliz agora, neste momento da minha existência, a pergunta que aflora é a seguinte: "O que estou sendo desafiada a aprender e que me ajudará a atravessar este período até que esteja preparada para o próximo passo?"

No final, descobrimos que a felicidade, de fato, não é um acontecimento isolado, tampouco uma realização única. A busca da felicidade é um chamado do coração para aspirar a uma grandeza maior da alma. Portanto, é evidente que se empregamos tanto o tempo quanto a sabedoria necessários para reconhecer a felicidade quanto a temos, acontecerá, em nós, o gradual alvorecer de uma compreensão mais profunda.

2
O significado da felicidade numa era global

Se alguém lhe perguntasse o que você quer da vida, qual seria sua resposta? Ou, ainda, se esta indagação também fosse feita a um chinês, morador de alguma aldeia rural, o que ele retrucaria? Vocês dois alimentam as mesmas aspirações? Ou são indivíduos radicalmente diferentes? Caso o sejam, o que isto tem a nos dizer sobre a índole do universo que se avizinha? Se todos nós ambicionamos algo distinto – baseado em quem somos e onde vivemos – como é possível que sejamos sensíveis às carências alheias?

Por outro lado, nutrir desejos iguais pode apenas nos arrastar para uma competição feroz por uma quantidade finita de bens finitos – água, por exemplo, ou talvez comida, ou, sem dúvida, combustíveis minerais e petróleo. Se a felicidade consiste em possuir coisas que são, em razão de sua natureza, limitadas, a esperança de paz para o mundo é, na melhor das hipóteses, uma fantasia. Este cenário nos condena a uma espécie de felicidade só alcançável por aqueles cujo poderio e força lhes permitem tomar o que querem e quando querem, a despeito de quaisquer efeitos sobre o restante da humanidade.

O que isto nos revela, deveras, a respeito de nossa habilidade de fazer negócios, se todos almejamos coisas diferentes? A felicidade acaba se transformando num exercício de egocentrismo – e, por conseguinte, num perigo. Se não cultivamos interesses comuns, preocupações comuns, necessidades comuns, então os pontos de convergência e evolução, de sabedoria e conhecimento, com certeza, serão limitados e as nossas oportunidades de crescimento abaladas. Parece-me evidente que as implicações desse isolamento emocional exigem uma definição de felicidade mais abrangente do que a mera preocupação com o ego engendra ou oferece.

Estas são questões importantes numa era global. Aliás, são de tamanha relevância que podem definir o próprio ambiente político do mundo que há de vir e as nossas próprias decisões dentro deste presumível contexto. São questões com o potencial de impregnarem até o tecido social das democracias.

Não, a busca da felicidade não é apenas um interesse fútil dos diletantes sociais. A busca da felicidade traz embutido o tipo de questões passíveis de influenciar tanto o desenvolvimento da comunidade humana nos próximos anos quanto a nossa vida particular. O desejo da felicidade nos afeta em cada um dos níveis do nosso ser; nos impacta emocionalmente; norteia as nossas tomadas de decisão; imiscui-se em nossos relacionamentos; dá cor à política nacional. E, num futuro não muito distante, é provável que também influa nas relações internacionais.

Todavia existe hoje um novo fator na equação global do desejo humano. Pela primeira vez na história, no transcorrer da nossa existência, a tecnologia vem se convertendo na aglutinadora social da civilização. Mais do que exclusivamente um sistema de comunicação, a internet tem permitido que a nossa capacidade para o imediato – como o acesso instantâneo a quaisquer recantos e lugarejos da Terra – transponha montanhas, ignore fronteiras nacionais e invada as mentes e as almas da comunidade humana espalhada por toda parte. Agora podemos sondar o significado da felicidade, todos juntos. Podemos aspirar às mesmas coisas, à mesma felicidade, juntos. Um único questionamento permanece: poderá o mundo entender a ideia do que é a felicidade de modo que não a torne impossível para os outros?

Mas nós estamos a par de tudo isso. Decerto já nos acostumamos a movimentar riquezas ao redor do globo ao simples toque da tecla "enviar" do nosso computador. Achamos corriqueiro assistir, em tempo real, a terremotos no Oriente Médio, às Olimpíadas, às operações de resgate e salvamento em qualquer local do planeta enquanto surfamos na internet, no aconchego do lar.

Do que talvez não tenhamos plena consciência, ou para o qual não estejamos alertas, é o fato de que a tecnologia também se converteu numa importante ferramenta para a ciência do desenvolvimento humano. Há anos os computadores têm sido utilizados na efetuação de cálculos estatísticos essenciais para a interpretação de testes psicológicos básicos. Agora, porém, o seu uso é muito mais sofisticado e progressivamente mais pessoal.

Num outro nível, ainda mais complexo, a tecnologia, sem alarde e de forma consistente, vem se tornando uma ferramenta da comunidade humana. Quase sem que o saibamos, e pelo menos em algumas esferas do mundo acadêmico, os pensamentos, sentimentos e desejos da raça humana estão sendo analisados e testados com o intuito de estabelecer as similaridades e as diferenças, os atributos comuns e as características distintas que pretendem responder a algumas das mais antigas indagações da humanidade: O que é o ser humano? Os seres humanos de uma raça são mais ou menos semelhantes àqueles de outra? As características de nacionalidade são mais ou menos importantes do que as características sexuais para além dos limites e fronteiras dos países? A felicidade existe? Se existe, o que é?

E por fim, pela primeira vez na história, no decurso da sua vida e da minha, psicólogos, filósofos e cientistas sociais podem inquirir o mundo inteiro sobre as grandes perguntas que rondam a existência humana, dentre elas a questão da felicidade – todas essas indagações levantadas simultaneamente, em cada um dos diversos idiomas – e esperar uma resposta. Uma resposta humana. Uma resposta global.

Em 2009 um grupo de líderes – swamis, sufis, imames, rabinos, padres, freiras, bispos e pastores – pertencentes às principais tradições religiosas – hinduísmo, budismo, judaísmo, cristianismo e islamismo – aliados a uma equipe de programadores de computador, designers e engenheiros, lançaram um projeto destinado a aferir se seria ou não possível o mundo, numa ação conjunta, elaborar e adotar uma "carta de compaixão" comum e universal. Numa época em que predomina a ameaça de um novo "choque de civilizações", a prática desta democracia tecnológica mostra-se pertinente para o próprio desenvolvimento de uma nova espécie de comunidade mundial[2].

É evidente que já não estamos mais isolados socialmente. A língua já não é mais uma barreira. A distância já não nos distancia. Fronteiras nacionais já não constituem cortinas de ferro. Estamos todos mergulhados neste caldeirão global, nadando juntos de lá para cá em busca de uma vida que chamamos de "feliz".

Esta é, sim, uma nova era.

E mais do que isto, é o momento de um novo *insight* da alma humana.

Podemos agora realizar muito mais do que contar pessoas e traçar mapas, muito mais do que reduzir o mundo a estatís-

---

2 Disponível em http://charterofcompassion.org

ticas de comércio e política. Podemos agora nos envolver, juntos, no processo de responder aos grandes questionamentos existenciais.

Tomemos como exemplo a psicologia social. Graças à internet e ao computador, os psicólogos sociais puseram-se no encalço de uma das questões mais constante e crucial da nossa era: O que é a felicidade? Quem a possui? Quem não a tem? E por que não?

Os resultados nos conduzem tanto a uma reflexão séria quanto nos fascinam.

Não que essas indagações nunca houvessem sido concebidas antes.

Pelo contrário. Não existe uma única civilização na história que não tenha lidado com estes questionamentos em algum nível – espiritual ou filosófico. A diferença é que, até agora, nenhuma civilização havia sido capaz de lançar as mesmas perguntas, e simultaneamente, ao mundo inteiro.

Os resultados desses estudos têm muito a nos dizer hoje sobre o que as pessoas pensam querer da vida, sobre quem almejam ser, sobre o que consideram importante, sobre como definem a felicidade.

Ao mesmo tempo, esses dados universais também nos dizem bastante a respeito de nós mesmos. As nossas próprias aspirações nos são mostradas em cores vívidas. Os nossos verdadeiros desejos são expostos para que o mundo inteiro os veja. E escancaradas as nossas ambições mais íntimas, os nossos valores são, assim, revelados. É-nos apontado quão semelhantes ou díspares somos das pessoas ao nosso redor e daquelas pertencentes à nossa faixa etária e geração.

Na nossa própria busca de uma vida boa, uma indagação importante desponta: se as pessoas estão perseguindo a felicidade em lugares e de maneiras muito diferentes dos nossos, talvez seja hora de reavaliar as ideias que nutrimos acerca da felicidade. Se, por outro lado, estamos todos buscando as mesmas coisas na nossa corrida atrás da felicidade – sem, no entanto, encontrá-la – com certeza é hora de, no mínimo, nos questionarmos onde é que estamos todos errando. E qual é o significado disto para todos nós, unidos nesta nova era de comunidade humana?

O que acontece, principalmente, é que está sendo lançada uma luz nos horizontes internos de nós mesmos. Se com tudo o que possuo continuo querendo mais, devo começar a esquadrinhar os recônditos de mim mesma a fim de descobrir o que ainda permanece oculto, de perceber o que ainda permanece à espera de ser descoberto. Preciso trazer à tona aquilo que ignorei, ou a que dei pouca atenção numa existência de liberalidade orientada pela ânsia de recompensa. O que afirmamos desejar está relacionado com o tipo de pessoas que somos. A verdadeira pergunta – aquela que jaz sob a camada de todas as questões técnicas – é de tal magnitude, que opera uma mudança de vida. Que tipo de pessoa eu sou – e o que desejo – vale a pena à luz do santo graal da felicidade? Seja lá o que for a felicidade.

Essa espécie de informação é como um espelho de nossas vidas. Se confronto minhas ideias com as ideias do mundo sobre o que significa ser feliz, estou começando a jornada rumo ao meu próprio futuro.

Felicidade: uma busca universal

3
O que os dados sociais nos dizem e o que não nos revelam

Parece que, atualmente, todo mundo anda mensurando a felicidade. As pesquisas sociais proliferam. Existem até aquelas especializadas em analisar blogs para averiguar não só quem está feliz, mas quem está feliz em quais dias[3].

À revelia do que possa ser comentado sobre nós e a busca da felicidade na nossa era, este gênero de medição com certeza nos revela alguma coisa sobre como reagimos à vida aqui e agora. Num ambiente criado pela mídia, algo que, outrora, jamais ganharia repercussão, hoje, ainda que seja ínfimo, é repetido à exaustão, podendo assim, num átimo, se converter no ponto central da nossa existência. Em outras palavras, num mundo onde eventos são desencadeados ou impedidos por pequenos grupos de pessoas completamente fora do controle ou da alçada da população à qual afetam, a felicidade é mais preciosa, e também mais vulnerável, do que nunca.

---

3 BLAND, E. *"Happiness Meter"*, *Analyzes Blogs, Tweets* [Disponível em http://dsc.discovery.com/news/2009/07/31/happiness-meter.html – Acesso em 20/08/2009].

A felicidade – pelo menos segundo a concepção de alguns – tem, claramente, se transformado em *commodity*. Alguma coisa que pode ser medida. Alguma coisa que pode ser agarrada. Alguma coisa que pode ser comprada, ou bebida, ou usada, ou armazenada para o nosso conforto e conveniência. Portanto devemos tentar, com mais afinco do que nunca, determinar a sua essência antes de acabarmos todos prisioneiros tanto dos encantos quanto dos caprichos dos que impõem o seu próprio estilo de vida aos outros.

Num âmbito mais específico, por exemplo, as pesquisas sociais vigentes mensuram a felicidade comparativa de homens e mulheres. De acordo com os relatórios, e contrariando as expectativas e o passado recente, as mulheres experimentam, no momento presente, uma menor sensação de bem-estar geral do que em 1972 – a despeito do aumento de seus ganhos econômicos. E mais, as mulheres demonstram desfrutar de uma sensação de bem-estar geral inferior à dos homens – o que evidencia uma inversão dos dados obtidos em estudos anteriores[4].

Esses dados são consistentes não apenas em inúmeras pesquisas, como também aparecem nos levantamentos de vários países. Logo, estamos falando de constatações globais. As deduções são invariáveis: "Maiores oportunidades educacionais, políticas e de trabalho têm correspondido a um decréscimo do nível de felicidade das mulheres quando comparadas aos homens". Entretanto, os números por si só não nos explicam o porquê de tal conjuntura.

Os números não expõem o que existe sob a superfície do que está acontecendo, não nos fornecem uma pista do motivo de as mulheres não somente se sentirem menos felizes hoje do que

---

4 BUCKINGHAM, M. *Whtat's Happening to Women's Happiness?* [Disponível em www.huffingtonpost.com/marcus-buckingham/whats-happening-to-womens_b_289511.html – Acesso em 14/12/2009].

em 1972, ou mesmo de se perceberem menos felizes do que os homens em geral – apesar dos avanços alavancados pelos movimentos feministas.

O que está nos escapando a respeito da natureza da felicidade e que o crescimento dos indicadores de ascensão econômica não demonstram ser capazes de sanar?

A tecnologia detectou uma questão que se acha na base da vida familiar.

Por outro lado, as pesquisas acarretam indagações de diferentes ordens para serem respondidas e que, no final das contas, podem se provar decisivas para todos nós. O que os homens têm que induz as mulheres, a despeito de suas conquistas sociais, considerarem a própria sensação de bem-estar como obscurecida?

Se porventura existe alguma compreensão da felicidade não decifrada pelas mulheres, cabe a todos nós procurar atinar o que é. Caso as mulheres estejam buscando algo que os homens não possuem, ou não querem, que saibamos identificar do que se trata. E o que todas essas informações estão sinalizando para cada um de nós – homens e mulheres – no plano particular?

Como quase todo mundo, já respondi a dezenas de pesquisas. As perguntas que me foram feitas mostraram-se quase tão esclarecedoras quanto as respostas registradas. Descobri, por exemplo, que aspectos da minha vida venho permitindo passar em branco e aos quais tanta gente dá a impressão de valorizar muito mais do que eu. Descobri não somente o que tenho, mas aquilo que não tenho e que os outros julgam indispensáveis. Tomei conhecimento até das coisas que coloco como prioritárias na minha vida em comparação com o restante do universo pesquisado. Contudo, ainda estou para encontrar, na maior parte do que as pessoas falam, algo que eu poria numa frase sobre a natureza da felicidade.

A questão da felicidade me fascina. Seu perfil estatístico, no entanto, me desperta frieza. Por quê? Porque embora os números contribuam para aumentar o nosso arsenal de informações, não abrem as portas ao desconhecido. Os números suscitam mais controvérsias do que oferecem respostas; nos fornecem dados, mas não sabedoria. Os números nos dizem o que as pessoas imaginam estar faltando em suas vidas, todavia nada revelam sobre o porquê do seu desejo. Os números nos dizem o que podemos ver, porém se calam quanto ao que permanece oculto.

São todas essas outras coisas impossíveis de serem expressas pelos números, penso eu, que devemos esmiuçar ao longo dos anos para estipular o que irá, verdadeiramente, tornar plena a nossa existência. A sua e a minha. Aqui e agora, em meio às nossas vidinhas e às suas revigorantes esperanças. É exatamente o que tem permanecido ausente de nossas definições particulares de felicidade que podem nos revelar o que de fato precisamos saber sobre o assunto. E como precisamos sabê-lo!

4
O que faz as pessoas felizes ao redor do mundo

A felicidade está se tornando, rapidamente, um objetivo tanto privado quanto nacional. Parece-me que, enquanto nações, queremos que o nosso povo não apenas seja feliz, mas que esteja a salvo de inimigos externos e tenha um PIB competitivo. As reações que observamos ao redor do mundo nos dizem muito sobre nós mesmos.

Utilizando as respostas pessoais de indivíduos originários de 178 países, os pesquisadores ranquearam a Dinamarca como "a nação mais feliz do mundo". Suíça, Áustria e Islândia apareceram entre as 10 primeiras colocadas. Aos Estados Unidos, a despeito de todas as suas riquezas e tecnologia, coube o 23º lugar, desafiando, portanto, de maneira inequívoca, a ideia de que maior é melhor e o conceito de que poderio significa segurança. Pesquisas deste gênero costumam ecoar a pulsação do mundo, além de comporem um desafio claro e sério para todos nós, quando engajados na busca daquilo capaz de trazer mais felicidade e menos politicagem para a nossa nação e a nossa vida particular.

Porém, talvez o mais intrigante seja o fato de que estes países menores, de forma consistente, tenderam a obter melhor pontuação do que aqueles mais populosos no quesito felicidade nacional, independente do seu estágio de desenvolvimento em outros setores. A China, por exemplo, ocupou a 82° posição no *ranking*, a Índia a 125° e a Rússia a 167° em termos de satisfação dos cidadãos e avaliação do bem-estar nacional[5].

Os questionamentos emergentes deste tipo de respostas exigem mais do que uma análise aritmética. Alguma análise espiritual da felicidade mostra-se, com certeza, necessária. O que têm os países pequenos que se revela mais gratificante para seu povo do que imensidão geográfica, depósitos minerais consideráveis e exércitos temíveis? De que consiste, exatamente, a felicidade nacional?

Na realidade, a amplitude que nos engolfa – a impressão de estar perdido no meio das multidões, imperceptível, despercebido, invisível, preso na centrífuga econômica – pode ter algo a contribuir para a noção de que a felicidade, na sua essência, é quimérica na sociedade contemporânea. Se a nossa consciência do eu, um sentimento de autonomia e de importância pessoal, configura uma parcela expressiva da felicidade, o problema pode muito bem ser o de que encontrar o self, desenvolver um *self*, em um ambiente que faz de tudo menos obliterá-lo, parece verdadeiramente impossível.

Sim, países mais ricos pontuaram mais alto no índice econômico e é evidente que os pobres ocuparam posições inferiores. Todavia a pesquisa não incluiu, de modo algum, a riqueza nacional como uma dimensão explícita da felicidade nacional. Quanto dinheiro os cidadãos juntavam, ou o grau de desenvolvimento econômico das nações, pareciam de pouca relevância

---

5 KAMENEV, M. *Rating Countries for the Happiness Factor* [Disponível em www.business-week.com/globalbiz/content/oct2006/gb20061011_072596. htm – Acesso em 20/08/2009].

quando as pessoas avaliavam o que as deixavam felizes na esfera particular. Se a proposta é definir a felicidade para nós mesmos, então resultados como estes demandam uma análise minuciosa.

Para que temos trabalhado a vida inteira senão para alcançar a felicidade? E se riqueza pessoal e nacional não são sinônimos de felicidade, então o que é que deveríamos estar efetivamente procurando? De verdade?

As conclusões, pelo visto, são simples. Segundo os entrevistados, ter saúde, acesso à educação e oportunidade de ganhar a vida dignamente são muitíssimo mais importantes do que ser rico. Estes são elementos significativos aos quais o mundo, mergulhado num turbilhão econômico, deveria prestar atenção. Como é concebível que as pessoas possam escolher menos do que o notório pote de ouro como o ápice da sua existência? Estará essa gente tão extraviada e equivocada na sua busca da felicidade quanto suas escolhas, a princípio, aparentam indicar?

Estar na nossa melhor condição física nos faculta desfrutar aquilo que a vida tem a oferecer; nos viabiliza superar o que julgávamos nossos limites para descobrir o que mais a vida engloba além do que conhecíamos; nos habilita reagir ao que a vida nos apresenta e a perceber as suas outras dimensões fora das quatro paredes que nos confinam.

A educação não só nos permite alimentar a esperança de atingir uma situação econômica melhor – que nos permita saborear alguns dos benefícios adicionais de uma cultura que encoraja viagens e artes, diversão em família e novas experiências – como traz embutida a promessa de estímulo intelectual. A educação nos permite compreender o que está realmente acontecendo conosco e com a nossa sociedade, a conceber o tipo de pensamentos que vinculam passado e presente, para que assim o futuro possa ser melhor para todos nós.

Embora, nas várias pesquisas, os entrevistados não deem a impressão de designar o montante de dinheiro ganho como medida da felicidade nacional, eles focam, enfática e significativamente, no índice de pobreza. Segundo os dados apurados, não é essencial que todos nós amealhemos tudo o que possamos ter. Porém é essencial – para a sociedade como um todo – que cada um de seus membros tenha acesso ao que é necessário para uma vida digna e decente.

A pobreza é um pecado social: afeta tanto o pobre quanto o rico. A pobreza produz bolsões de carências que arruínam toda uma região; origina áreas geográficas que se tornam verdadeiros criadouros de "dinheiro fácil": drogas, roubos, jogatinas, prostituição. A pobreza converte segmentos inteiros de uma cidade em zonas proibidas até para os esforços de resgatar as crianças subnutridas destes lugares – o que implica o retardamento do desenvolvimento mental e físico dos pequeninos. A pobreza aduba a próxima geração de destituídos e desempregados, moradores de cortiço, sempre dependentes da assistência social e dos sopões para se manterem vivos.

Existem, sem dúvida, informações importantes sobre a felicidade contidas nestes dados.

Entretanto, para sociedades que prestam culto no templo de suas contas bancárias, no tamanho de suas casas e nos modelos novos de seus carros, resultados como os destas pesquisas não surpreendem. Tais resultados podem ser também um presságio das consequências que hão de vir, a despeito de quão próspera uma nação se julgue. Os dados sobre a felicidade requerem de nós uma ponderação: até quando um país pode realmente esperar sobreviver a uma dicotomia entre o que o governo considera bom para si e o que o povo percebe como os fundamentos da felicidade pessoal antes que sua pujança comece a minguar de dentro para fora?

O gênero de perguntas suscitadas por este tipo de material apenas torna as "pesquisas sobre a felicidade" e a reflexão coletiva acerca da natureza da felicidade ainda mais relevantes. Quando uma nação se depara com opções, quando ninguém pode ter tudo, quais escolhas deve um governo fazer? Mais exércitos ou mais escolas? Salários mais altos ou um sistema de saúde superior? Mais riqueza para os ricos ou uma distribuição da riqueza mais equitativa? Quais dessas escolhas farão um país, em algum tempo, mais feliz? Que governo está mais bem equipado para promover tudo isso? E quando todas essas questões forem resolvidas, a verdadeira felicidade estará mesmo ao nosso alcance?

A maior surpresa detectada pelas pesquisas nacionais – e, quiçá, a mais pertinente para nós hoje – é a baixa pontuação de muitos países asiáticos nos "indicadores de felicidade". Afinal, essas são culturas há muito consideradas baluartes de fortes sistemas familiares e tradições culturais, os quais – conforme gostamos de dizer a nós mesmos – proporcionam o conforto e a segurança que as pessoas buscam acima de tudo.

No Ocidente, dinheiro e bens materiais já não são, aparentemente, as principais medidas de sucesso pessoal, de segurança, ou de satisfação. No Oriente, a família estendida e as expectativas que as tradições culturais têm em geral semeado, talvez já não constituam mais os sustentáculos da vida social, ou o parâmetro do sucesso. O mundo está, claramente e em toda a parte, sofrendo as dores do parto de uma mudança maciça.

5
Grupo, ego ou outra coisa

O mundo valoriza pesquisas dedicadas a sondar cada dimensão da vida – política, econômica e social – utilizando-as como um meio para a compreensão das prioridades e medição de impacto. Porém, ao fim de tudo, dois aspectos da vida moderna acabam dominando o cenário.

A primeira compilação significativa de resultados aponta para uma separação entre o comprometimento com os valores sociais tradicionais e o sistema de valores seculares-racionais.

Nesta categoria, ser católico, alemão ou irlandês – pertencer a um grupo étnico claramente definido – com todas as normas culturais, costumes religiosos e expectativas sociais acarretados, constitui um dos principais princípios organizadores da sociedade. Tradições há muito aperfeiçoadas delineiam tanto as ações quanto as escolhas de um segmento específico e possibilitam um tipo de descrição da sociedade passível de interpretação, independente de todo o seu pluralismo e de todas as suas diretrizes nacionais. A sociedade, por conseguinte, costuma possuir um viés cristão, muçulmano, judeu, hindu ou budista. Os Estados Unidos são uma "nação cristã", alguns afirmam, com todos os dias de festa e os preceitos espirituais que isto implica, a despeito dos múltiplos grupos não cristãos e o seu empenho – constitucional – de resistir à oficialização de uma religião estabelecida.

Por outro lado, sociedades seculares-racionalistas se fundiram num ajuntamento amorfo de indivíduos que vivem de acordo com as normas sociais e livres das expectativas de qualquer grupo étnico em particular. Tais sociedades ensejam o maior grau de diversidade e liberdade entre o maior número de pessoas.

Uma sociedade secular-racionalista é exatamente o que as palavras designam: secular, ou seja, não definida por nenhuma tradição religiosa particular; e racionalista, ou seja, razoável, mas não religiosa em suas normas e restrições. Tomemos como exemplo a Irlanda, uma sociedade católica tradicional em que pílulas anticoncepcionais e camisinhas, assim como o divórcio, eram ilegais até meados dos anos de 1990, em conformidade com os cânones da Igreja Católica. Ao longo do tempo, a Irlanda se converteu numa nação secular e já não é mais facultado às normas da Igreja Católica restringir a legislação civil. Logo, uma sociedade secular-racionalista torna-se uma coleção de grupos, sem que nenhum deles componha o seu núcleo definidor.

A segunda fissura social, exposta pelos dados coletados, emerge da tensão entre o comprometimento com os valores comunitários e os que promovem a autoexpressão[6].

Há aqueles cujo desejo é que o mundo volte atrás, para uma sociedade estruturada em pequenos centros agrários, modelo que permaneceu vigente até que a guerra e a industrialização nos transformassem em grandes eixos corporativos. Este novo agronegócio empresarial acabou por engolir todos os pequenos agricultores instaurando uma espécie de feudalismo contemporâneo.

---

6 INGLEHART, R. *Inglehart-Welzel Cultural Map of the World* [Disponível em http://www.worldvaluessurvey.org/wvs/articles/folder_published/article_base_54 – Acesso em 20/08/2009].

Não tardou muito para que a "sociedade-nos-moldes-cidadezi-nha" – na qual as próprias pessoas, impelidas por fatores étnicos, religiosos, econômicos e políticos, se auto-organizavam e se agre-gavam em bairros demarcados – sumisse, absorvida no fluxo de uma imensa população amorfa criada pela mobilidade global.

Todavia o restante de nós, conforme apontam as pesquisas, sente-se atualmente mais atraído para o sistema de valores seculares-racionalistas, que acompanham a homogeneização de uma socie-dade. Neste mundo, não há a menor possibilidade de uma única tra-dição predominar. Nós nos tornamos centros de expressão pessoal medidos apenas pelo fato de que não impomos os nossos valores aos outros e tampouco lhes permitimos nos impingir os seus. O que existe de universal no âmago do protestantismo, do hinduísmo, do republicanismo, ou o *ethos* da cidade moderna se perde em favor daquilo que é individual, mas etnicamente indefinível.

É através destas questões que começamos a perceber os limites traçados e a tensão construída em torno da própria natureza da felicidade. Teremos nós perdido o rumo? Terão o movimento de distanciamento da "tradição" – e tudo o que isto implica como o modelo familiar representado pela icônica *Famí-lia Sol-Lá-Si-Dó* – e a objetividade dos valores sociais básicos, que parecem vicejar apenas em cidadezinhas, nos apartado de nós mesmos? Terão a centralização do *ethos* religioso prevale-cente e a "mesmice" decorrente da endogamia regional nos afu-gentado de nós mesmos?

O problema recusa-se a desaparecer. Aliás, nos atazana, exigindo uma resolução. Se a felicidade está mais naquilo que temos sido – ou seja, na tradição – do que naquilo que podemos vir a ser – um tipo de modernismo individualizado – então a felicidade pessoal é algo muito superficial, facilmente desesta-bilizada e sempre sob a ameaça de alguma contingência interior.

E, no entanto, é a tradição, o costume, que constituem o fator estabilizador. Sabemos como celebrar o Natal porque o temos feito da mesma maneira por anos a fio. A tradição, ao fincar nossas raízes no passado, nos dá segurança e estrutura para o hoje. E, talvez, ainda mais do que isto, a tradição nos confere uma espécie de arcabouço espiritual de valores que nos guiam no momento presente de nossas vidas. Nós sabemos quem somos, e o que fazemos, e por que fazemos. Nós fazemos o que fazemos porque somos italianos, alemães, luteranos ou católicos. Nós possuímos raízes e não nos extraviamos para muito longe delas.

Ou pelo menos sempre costumamos pensar assim.

Os dados corroboram: onde quer que os valores tradicionais sejam tidos em alta estima, a religião é muito importante. Logo, a deferência à autoridade, os valores familiares tradicionais e a rejeição ao divórcio, aborto, eutanásia e suicídio são constantes. Estas sociedades, além de marcadas por elevados índices de orgulho nacional, também são embasadas por um ponto de vista nacionalista. Em tais esferas, as tradições sobrepujam as mudanças. Estas são culturas que abraçam novos estilos de vida e novos costumes com mais vagar do que as demais; se é que chegam a abraçá-los. Estas são culturas em que a prioridade não é o desenvolvimento individual, e sim as preocupações comunitárias.

Por outro lado, os países ricos têm, historicamente, passado de sociedades industriais a pós-industriais, deixando de ganhar dinheiro através da manufatura de bens para usar o dinheiro na geração de mais dinheiro. Nestes países, a preocupação com a sobrevivência grupal vem se diluindo na preocupação com a autoexpressão. Já não importa tanto – em certas sociedades – que a fábrica seja fechada. Não somos mais a geração que começou a trabalhar em fábricas com a intenção de permanecer nesse emprego o resto da vida. Nós somos aqueles cujo dinheiro está rendendo mais dinheiro. Todavia, para as pessoas que se encontram no fim da era industrial e à beira de uma sociedade tecnológica, o perfil da vida – e o significado da felicidade – mudou por completo. A felicidade não está em arrumar um emprego onde seu pai trabalhou, em residir no bairro onde você cresceu, ou frequentar a escola perto de casa.

A felicidade agora é responsabilidade sua – e, receio eu, a infelicidade também está só por sua conta.

Quando as empresas se lançaram na busca de nova mão de obra e de novos mercados, populações inteiras as seguiram. Famílias jovens foram morar a meio mundo de distância de onde cresceram. Universitários recém-formados partiram, um a um, e aos milhares, para terras sobre as quais seus pais mal tinham ouvido falar, e muito menos visitado. E, ao mesmo tempo, o indivíduo, ao invés de o grupo, começou a assumir uma posição inédita e privilegiada na sociedade. As comunidades agrícolas, as cidades mineradoras, as cooperativas, ficaram no passado, possibilitando a emergência de um estilo de vida drasticamente diferente e de uma maneira completamente nova de ser feliz. Ou, no mínimo, de uma necessidade completamente nova de aprender novas maneiras de ser feliz.

As prioridades sofreram alterações e a ênfase antes concedida à economia, ou à segurança física, cederam espaço à ênfase ao bem-estar pessoal. Os pesquisadores concluíram que, nestas situações, os valores tradicionais acabaram substituídos pelos valores seculares-racionais em "quase todas as sociedades industriais". O aumento da tolerância à autoexpressão alheia, a mudança na forma de criar os filhos e uma maior transigência com as divergências despontaram e se tornaram o valor dominante da mudança social[7].

---

7 Ibid.

Sendo assim, o próprio significado da felicidade também transmutou. A felicidade como uma imersão no conhecido e familiar e como uma visão comum, gradual e inexoravelmente, pôs-se a esvanecer. No seu lugar, o conceito de felicidade como um objetivo a ser alcançado através da autonomia do eu começou a emergir. Ser desarraigado se consagrou como a nova norma de crescimento acelerado.

Pronto! Havia começado o cabo de guerra entre uma sociedade que fomentava as novidades e vicejava na diversidade e uma outra, que entronizava a tradição e preferia a similitude.

Contudo, apesar da óbvia evolução social deslanchada por esta queda de braço, a dicotomia resultante deixou muito a desejar. Pelo visto, não existe nenhum "vencedor" nesta disputa.

Por quê? Talvez porque a própria ideia de "felicidade" transcenda esses dois modelos de sociedade. Talvez a felicidade – a verdadeira felicidade – realmente independa de ambos. Talvez a felicidade genuína não possa ser garantida nem pelo tradicionalismo, nem pelo modernismo, nem por uma identidade grupal, nem pela autonomia do ego. Mas se a felicidade não nos é assegurada pela acomodação no seio do que nos é familiar e tampouco pela pouca ou nenhuma observância daquilo que nos foi ensinado a acreditar ou almejar, então o que é a felicidade?

Essas duas perspectivas são, pelo visto, mutuamente excludentes. Nestes casos, a polarização, em geral, se converte na ordem social do dia. Sociedades inteiras se dividem em campos distintos, como o conservadorismo liberal e o fundamentalismo progressista. O que isto quer dizer sobre o nosso "sistema de valores?" Como avaliar a felicidade? Na realidade, no ponto em que estamos, como podemos, de algum modo, definir a felicidade? É possível chegar a imaginar a felicidade como o cômputo da qualidade de vida de um grupo?

Os dados nos desarmam e, em alguns aspectos, até nos perturbam. O que, exatamente, estamos procurando quando falamos que desejamos ser felizes? Talvez ainda pior seja a questão de como reconhecer a diferença entre estar feliz e estar se divertindo, ou se sentindo satisfeito, excitado, ou cheio de alegria.

Com certeza algo tão valioso quanto a felicidade deve ser mais universalmente compreendida e estabelecida. O que existe em nós, ou ao nosso redor, capaz de nos levar às portas do contentamento com a vida? Alexander Solzhenitsyn nos advertiu: "Ninguém nunca deve conduzir as pessoas para a felicidade, porque a felicidade é, também, um ídolo do mercado. O que se deve é conduzir as pessoas para a afeição mútua. Um animal devorando sua presa pode estar feliz, mas apenas os seres humanos podem sentir afeto uns pelos outros e esta é a realização mais elevada a qual podemos aspirar".

Então é isto? Serão as relações sociais e a afeição mútua o princípio e o fim da felicidade? E se forem, você está vivenciando este tipo de relacionamento aqui e agora, enquanto lê estas palavras, num mundo em constante mudança? Serão os relacionamentos em si o âmago da felicidade? E, principalmente, o que todas essas mudanças sociais e pessoais estão revelando sobre a felicidade, sobre você, e sobre a vida em geral aqui e agora?

6
O que faz uma pessoa feliz

As pesquisas são claras: o mundo, em geral, já não considera dinheiro, grandeza, ou quaisquer conjuntos de valores sociais como a essência da felicidade. A felicidade, conforme costumamos defini-la, parece coisa do passado. A busca individual de satisfação pessoal tem se tornado mais importante do que o desenvolvimento de identidades comunitárias amplas, como ser irlandês ou americano, ou do sexo masculino, ou pertencente a alguma religião em particular. Consequentemente a tradição – há muito o pilar das sociedades – já não é mais a sua avalista. Sistemas predominantes poderosos como nacionalidade, religião ou profissão, têm se despedaçado e fragmentado e, reduzidos ao pó, sua convergência... seus atributos comuns... evaporaram e sua estabilidade ruiu. Apenas em cidadezinhas, em pequenas comunidades de mineradores, em cooperativas agrícolas, ou em lugares de economia única, os sistemas predominantes persistem.

Hoje, toda a vida é plural, aberta, inter-racial e cosmopolita – pelo menos na concepção da tecnologia e da mídia. O efeito disso é que ao invés de vigorar o modelo de comunidades distintas, – com suas interações padronizadas e coesão grupal – as sociedades abertas dão a impressão de transformar as pessoas em indivíduos isolados – fato que, no mínimo, irá afetar a nossa definição de felicidade, senão o seu próprio perfil.

Talvez precisemos encarar essa realidade. Talvez a própria ideia de felicidade nacional não seja nada exceto um lema, um *slogan*, ou, nas palavras de Shakespeare, algo "cheio de som e fúria, sem significado algum".

Talvez simplesmente tenhamos inventado todo esse conceito de felicidade na esperança de nos convencer a nós mesmos de que há mais na vida do que descobrimos até agora. Talvez a felicidade seja apenas o tal do notório pote de ouro bem lá no finzinho do insignificante arco-íris. Talvez estejamos nos esforçando à toa e correndo atrás do inexistente.

O resultado dessa peleja vã é que passamos a vida nos sentindo sempre insatisfeitos.

Em meio ao jorro contínuo de pesquisas e estudos destinados a dissecar a natureza e a prevalência da felicidade na sociedade contemporânea, alguns chegam bem perto do cerne da questão. Estas sondagens focam, principalmente, a esfera pessoal, os indivíduos que mais se assemelham a nós, os que são da nossa faixa etária e com um histórico similar ao nosso, deixando em segundo plano o que quer que imaginamos expressar quando falamos de nações, raças ou etnias.

Os dados, além de permitirem nos compararmos, de modo mais específico, com aqueles que nos cercam; nos concedem a oportunidade de detectar quem é que está mais em descompasso com o restante do mundo: se nós, ou os outros.

Em primeiro lugar, é necessário saber se outras pessoas são felizes ou não. Se elas o são e eu não, preciso saber o que há de errado comigo. Ou talvez seja possível que eu conheça alguma coisa a respeito da felicidade que os outros ignoram – ou que somente uns poucos, ou ninguém, a está experimentando.

Algumas pesquisas se concentram na mensuração da satisfação pessoal.

Uma delas, por exemplo, dedicou-se a ranquear os estados mais felizes dos Estados Unidos de acordo com o Índice de Bem-estar anual do Instituto Gallup.

A felicidade, na definição dessa sondagem, é o somatório de vários fatores: a avaliação que fazemos da qualidade geral de nossa vida, o estado de nossa saúde emocional, a nossa condição física básica, nossa tendência de nos engajarmos num comportamento construtivo e como nos sentimos em relação ao nosso emprego[8].

Porém, embutidos nos próprios dados coletados – independente do ano da pesquisa – uma pergunta se impõe, exigindo resposta: serão esses fatores a soma total do que todos nós estamos buscando? Será a felicidade decorrente do fato de me sentir bem com a vida que estou vivendo, de desfrutar de uma estabilidade emocional basal e – via de regra – previsível, de considerar minha condição física satisfatória, de adotar um padrão comportamental positivo e gostar do meu emprego?

Quer dizer, então, que alguém preso a uma cadeira de rodas, alguém que não se exercita, alguém que não tem o que o resto do mundo chamaria de um "bom emprego", não pode ser verdadeiramente feliz? E quanto àquelas pessoas que partem para regiões assoladas por epidemias, como cólera, por exemplo, a fim de tratar dos enfermos e acabam contraindo a doença e morrendo? Morrerão infelizes? Aspectos inteiros da vida parecem-me ausentes – ou no mínimo não identificados – nas pesquisas deste gênero.

A despeito da importância das dimensões analisadas, a lista está, de alguma forma, incompleta. Serão esses aspectos citados

---

8 BRYNER, J. *Happiest States are Wealthy and Tolerant* [Disponível em www.livescience.com/culture/091110-happy-states.html – Acesso em 10/11/2009].

os mais relevantes, os que temos, de fato, em mente, quando afirmamos que "somos felizes?" Ou quem sabe seja simplesmente uma questão de estar satisfeito? Talvez não deprimido, e sim feliz?

Todavia, ao mesmo tempo, os pesquisadores nos fornecem algumas pistas que valem muitíssimo a pena levarmos em consideração em nossa própria existência. Os estados mais felizes dos Estados Unidos – conforme o relatório da pesquisa – são aqueles onde a maioria dos residentes possui não só curso superior, mas mestrado e doutorado, além de ter empregos reputados como "supercriativos", em áreas como arquitetura, engenharia, computação, matemática, biblioteconomia, artes, *design*, entretenimento, esportes e mídia. Segundo os pesquisadores, os boêmios – escritores, artistas, músicos e atores – com seus estilos de vida não convencionais e pouco apego às tradições sociais também impulsionaram a pontuação da felicidade[9].

Diz Jason Rentfrow, da Universidade Cambridge, Inglaterra: "Na nossa visão, o resultado da pesquisa sugere que nestas áreas existe mais tolerância e, num meio mais tolerante, as pessoas são mais livres para se expressarem e ser quem são, sem se sentirem como se precisassem se censurar, ou se enquadrar um pouco mais no *status quo*"[10].

É provável que nestas áreas alguma coisa mais esteja operando. Alguma coisa mais relacionada ao estar plenamente vivo do que o simples passar pela vida mentalmente equilibrado e fisicamente bem. Essas são pessoas que tencionam imprimir sua marca no mundo, são pessoas que deixarão o mundo diferente depois de sua passagem.

---

9 Ibid.
10 Ibid.

A situação é clara. A necessidade de "ser eu" parece haver se tornado mais importante do que a necessidade de "sermos nós". Nesta nossa sociedade, neste nosso tempo, o caminho para a felicidade pode ser muito bem ser cada um por si.

A capacidade de sentir-se bem consigo mesmo, de continuar se desenvolvendo como pessoa é, nitidamente, um viés robusto que permeia todos os dados coletados na trama de todas as pesquisas acerca da felicidade.

Entretanto, na sua esteira, vem uma espécie de inquietação espiritual.

A felicidade tem que ser alguma coisa mais além da simples licença para fazer o que eu quiser. Se o ser humano é, de fato, um ser social, um ser incapaz de subsistir sozinho, incapaz de vicejar, de realizar-se, ou de alcançar o êxito sozinho, a felicidade tem que ter alguma vinculação com a maneira como eu me relaciono com o resto do mundo.

A conjunção entre as dimensões particular e pública da vida não é somente decisiva para a felicidade de uma pessoa, mas constitui a chave para o desenvolvimento humano. Dentre todos os resultados da pesquisa sobre o nível de felicidade de cada estado do país, um dado apareceu com mais clareza: de todos os traços de personalidade, o neuroticismo – a tendência de experimentar emoções negativas como medo, raiva e preocupação – abate, metodicamente, a cota de felicidade do estado. O que isto pode estar nos dizendo – o indivíduo afeta mais o ambiente do que o ambiente afeta o indivíduo – sem dúvida merece uma séria reflexão. Em outras palavras: se passo a vida me corroendo de dentro para fora, até o ponto de que nenhuma quantidade de exercícios físicos consiga mudar o meu íntimo, o meu grau de negatividade, com certeza, acabará influenciando o seu.

Nós não podemos controlar a vida no nosso entorno, porém devemos controlar a vida dentro de nós, se queremos ter chance de sobreviver, e ainda mais florescer, na realidade em que nos encontramos. Se a felicidade é mais do que a mera acumulação de coisas – conforme as pesquisas sociais notoriamente indicam – então ser capaz de não apenas controlar nossas reações ao meio ambiente, mas também ser independente delas no nível espiritual e psicológico, torna-se crucial para a felicidade que buscamos.

É este relacionamento entre nós e o mundo que nos rodeia que irá assombrar a nossa busca da felicidade em cada um dos aspectos da vida.

7
Saúde pessoal e felicidade

As pesquisas sociais são exatamente o que o nome sugere. Elas mensuram como é o mundo que nos cerca, o que este mundo nos conta a respeito de si e quais são os seus valores em um dado momento do tempo. Porém a nossa superficialidade não é tudo, ou o todo, do que é ser humano. Existem, também, fatores internos que afetam a nossa percepção do eu e o nível de satisfação pessoal. Logo é imperativo descobrirmos o que mais existe com o poder de abalar a nossa felicidade tanto quanto, ou até mais, do que influenciar a textura e o colorido da nossa existência enquanto imersos na realidade da vida cotidiana.

O enigma é mais do que acadêmico.

Uma das questões que tem sido testada repetidas vezes, científica e psicologicamente, é se a felicidade possui uma dimensão médica assim como social. "Indivíduos felizes", reporta o psicólogo pesquisador Ed Diener, "são em geral mais saudáveis e vivem mais, têm rendas mais elevadas, relacionamentos sociais mais satisfatórios e são cidadãos melhores".

A conexão implícita – entre felicidade pessoal e saúde – é importante. Não levarmos a nossa própria felicidade a sério, não nos preocuparmos em investigar o que é que nos faz infelizes, pode ter efeitos físicos – em nós e nos outros – que nunca imagináramos possíveis. A comunidade médica insiste, repetidas vezes, que o *stress* negativo desgasta o sistema imunológico, nos deixando mais afeitos às doenças e influindo no modo como vivemos a nossa vida. Se isto for de fato verdade, então a busca da felicidade não é sinônimo de um narcisismo estratosférico. Tampouco é virtude o masoquismo disfarçado de autossacrifício. Continuar fazendo o que não gostamos todo santo dia, quando há outras opções a considerar, outras oportunidades disponíveis, não pode, absolutamente, ser uma experiência revigorante. Não se a felicidade está vinculada à saúde.

Felicidade é a vida que se torna mais produtiva. Minha felicidade não diz respeito apenas a mim. Como eu me sinto está relacionado com o próprio fundamento do mundo ao meu redor. Minha felicidade – ou a falta dela – afeta, igualmente, a felicidade de terceiros, pois aumenta ou diminui os esforços alheios tanto para construir uma sociedade saudável quanto para assegurar um futuro promissor para mim mesma. A felicidade não é somente uma arte individual; é a arte de pessoas em sintonia.

Portanto, se existe algo que deve ser estudado, em prol do presente e do futuro, este algo é a felicidade.

A tarefa consiste em saber o que é, deveras, a felicidade antes de sair em busca dela. Passar a vida sendo iludida por aquilo que não vale realmente a pena procurar é pôr em risco não só a nossa felicidade e desenvolvimento pessoal, mas também, na pior das hipóteses, a nossa própria vida. Por sua vez, haver experimentado a felicidade sem ter tido consciência do que era, é uma outra espécie de tragédia capaz de esgarçar a nossa existência até o ponto de ruptura. Mais agravante é desistir da felicidade e se contentar com alguma coisa inferior por não saber o que possuíamos quando o possuíamos, porque, neste caso, o preço a ser pago pela percepção que temos de nós mesmos e da vida poderá ser ainda mais alto.

Para alguns, até a própria felicidade é geradora de angústia. Atormentando-os, tirando-lhes a serenidade, paira a ameaça constante de perder a felicidade. Essas pessoas vivem na expectativa de um futuro desconhecido e se amedrontam. Um presente risonho transmuta-se em adversário, e não em razão de esperança. Essas pessoas se tornam vítimas de um nível de estresse criado por elas mesmas. O medo de mudanças se converte no seu inimigo interior.

Minha mãe ficou viúva aos 23 anos de idade, com uma filhinha de 3 anos. O que nos aconteceu então? Ela se casou com o meu padrasto e começamos nossa vida de novo. Uma parábola do folclore judaico, *The Jewels of Elul*, lembra o peregrino que viver é recomeçar infinitas vezes – em cada um dos estágios da nossa existência. Por conseguinte, nada está jamais terminado, até que a vida se extinga.

As coisas se transformam, nós o sabemos. A metamorfose é vital, essencial. Se a minha vida muda só quando acho que tudo está exatamente como eu quero, isto significa que a felicidade é impossível? Se você encontra a felicidade e a perde, conseguirá reencontrá-la? Estas são as indagações levantadas pelas pérolas de sabedoria de *Elul*. E a resposta é claríssima: sim, você pode encontrar a felicidade repetidas vezes, mas somente se estiver disposto a recomeçar a criar uma nova felicidade para si, qualquer que seja a sua idade, qualquer que seja o lugar em que você esteja e em quaisquer circunstâncias.

A ideia de que a vida é uma corrida perpétua atrás de um prêmio basta para desencadear o estrondo de um tsunami espiritual em nós. De que adianta perseguir o inatingível?, somos tentados a indagar. E, um questionamento ainda mais sério se impõe: de que serve viver se não alcançamos o inalcançável, o que procuramos?

Aprender a navegar pelas águas turbulentas da vida tanto com uma sensação de aventura quanto com uma sensata dose de cautela – para que quando ocorram as mudanças eu não desmorone – constitui um dos principais elementos de uma existência feliz. E esse aprendizado é, simultaneamente, uma empreitada e uma oportunidade que a vida nos oferece.

À medida que as pesquisas sobre a felicidade vão se amontoando em universidade após universidade, as implicações acerca da saúde individual e global revelam-se cada vez mais impactantes. A busca da felicidade não é um egocentrismo descarado; a felicidade é um recurso natural, uma potência nacional, um fator social. Talvez, ainda mais precisamente, seja um imperativo moral. Diante de tudo isso, é evidente que essa busca se torne, para nós, uma incumbência, uma obrigação moral e um exercício social.

8
A felicidade é uma expectativa cultural

A despeito dos muitos questionamentos que as pesquisas sociais suscitam em nós, a despeito do muito que deixam sem respostas, um dado confirma-se com absoluta clareza: o empenho na busca da felicidade é onipresente. À medida que chovem informações de todos os cantos do globo, essa percepção da felicidade como um dos principais fatores da vida mostra-se indiscutível. Ninguém, em lugar algum, se mostrou incapaz de entender a inevitável pergunta dos pesquisadores: "Você é mais ou menos feliz hoje do que há cinco anos?"

A felicidade, portanto, é, nitidamente, um conceito universal, um aspecto corriqueiro da existência humana, um tópico merecedor de uma reflexão séria e até filosófica. Nós sabemos se estamos felizes ou não. Também sabemos – ou pelo menos achamos que sim – o que irá nos proporcionar felicidade.

Mas se sabemos ou não o que significa ser realmente feliz, ainda nos resta descobrir. É evidente que existe alguma confusão quanto a isso. De acordo com o relatório de um estudo, os lituanos e indonésios associam felicidade à situação financeira e à qualidade do emprego. Por outro lado, os venezuelanos mal reputam o dinheiro como um indicador do que os faz felizes e o classificam como o elemento de menor importância para se alcançar a felicidade. Os relacionamentos pessoais, sim, são fundamentais[11].

Na avaliação dos suíços e finlandeses, a saúde física constitui uma dimensão essencial de uma vida feliz.

Para os suíços e vietnamitas, o relacionamento com seus chefes tem um grande peso na equação da felicidade. Já nos Estados Unidos e na Polônia, os participantes da pesquisa consideram o relacionamento com os colegas de trabalho ainda mais crucial para a sua felicidade do que os relacionamentos familiares.

Obviamente os dados não são unânimes. O que é chamado de felicidade numa parte do mundo nem sempre é interpretado como tal em outros locais e épocas. Assim, a noção de "felicidade" adquire um caráter de festa móvel, nos inquietando e nos levando a procurá-la em regiões distantes e terras estranhas.

Se a felicidade constitui ou não uma condição humana universal é uma conjectura que vem se tornando mais e mais intrincada a cada nova pesquisa. As pessoas, de todos os lugares, parecem buscá-la, porém de formas diferentes. Como, então, conseguiremos saber se aquilo que estamos procurando é realista ou não? Aliás, como poderemos saber se aquilo mesmo que estamos perseguindo não representa um perigo para a nossa própria esperança de encontrar a felicidade?

Os dados, todavia, não são totalmente inextrincáveis. De fato, eles nos oferecem uma quantidade considerável de informações sobre o que a felicidade demanda da cultura em que estamos inseridos. Aprender a escutar, com atenção, essas mensagens sociais e culturais nos permite formular um critério de comparação. Avaliar as exigências de uma cultura à luz dos grandes questionamentos existenciais sem dúvida deve nos revelar algo a

---

11 *How Men and Women Cope in Recession – Men Will Fare Worse Because for Them, Money Equals Happiness* [Disponível em http://nz.nielson.com/news/Happiness_Deco8.shtml – Acesso em 20/08/2009].

respeito das nossas próprias decisões. Se desejamos ser realmente felizes, é importante compreender para onde a sociedade a qual pertencemos está nos direcionando através de nossas escolhas diárias e aspirações.

Ainda mais importante, é elaborar uma norma interior que nos possibilite avaliar a qualidade do que costumam nos apontar como sendo a essência da felicidade. Ter conhecimento do que aquela determinada amalgamação de vida causa aos outros e perceber como determinadas decisões afetam o mundo ao nosso redor têm que ser uma peça-chave do que significa crescer, viver uma boa vida, encontrar um tipo de felicidade que é maior do que o momento e mais abrangente do que o imediato.

Um conto popular – relevante, apesar da veracidade duvidosa – é incisivo:

> No arquipélago, conta-se a história do americano que estava viajando pelas ilhas caribenhas a trabalho. Numa de suas paradas, enquanto andava pela praia certa tarde, viu alguns nativos ancorarem seu barquinho num píer de madeira, juntarem, preguiçosamente, a pesca do dia na proa e, devagar, caminharem até algumas redes, onde se estiraram para descansar.
>
> – O que você faz por aqui o dia inteiro? – perguntou o americano a um dos ilhéus.
>
> – Bem, primeiro pesco o meu peixe, depois tiro uma soneca na rede, aqui na praia. Em seguida, levo o peixe para casa, pois minha esposa irá cozinhá-lo para o jantar. Após o jantar, volto para a praia, para tomar uma bebida e tocar violão com os meus amigos até que o sol se ponha. Aí vou para casa dormir.
>
> – Mas isso não permite que você ganhe dinheiro – argumentou o americano. – Se você, todos os dias, passasse mais horas no mar, poderia pescar uma quantidade maior de peixes e vendê-los.
>
> – Meu barco não é grande o bastante para carregar muitos peixes.
>
> – Este é o xis da questão – o estrangeiro explicou. – Se você pescar peixes suficientes para vendê-los, poderá guardar dinheiro para comprar um barco maior.

O americano estava ficando empolgado agora.

– E, em breve, você conseguirá comprar uma frota e empregar pescadores, o que lhe permitirá vender seus peixes em todo lugar!

O ilhéu não disse uma palavra.

O americano, porém, insistiu, triunfante.

– Assim você será capaz de tirar férias quando quiser, de desfrutar desta bela ilha, comer bem e passar tempo na companhia de seus amigos todos os dias.

Com ar um tanto incrédulo, o ilhéu fitou o outro e falou:

– Mas é exatamente isso o que eu já faço agora!

É evidente que as normas culturais, de qualquer categoria, podem nos iludir. O majoritário costuma ser transformado em padrão, no critério pelo qual julgamos a qualidade de nossa existência. Nós nos deixamos ser tão engolfados pelo ritmo da vida alheia, que acabamos perdendo a harmonia com o nosso próprio compasso. O vizinho trabalha duro e compra uma casa nova, logo trabalhamos ainda mais duro para comprar uma casa maior. Nossos amigos adquirem um imóvel num condomínio a meio mundo de distância, portanto arranjamos um segundo emprego para adquirir um imóvel naquela lonjura também. A família alimenta expectativas de que os filhos serão profissionais liberais e não artistas, então nos esforçamos penosamente para terminar a faculdade de direito em vez de formar uma banda.

Assim passamos pela vida, nunca sabendo se a felicidade significa realizar o que é esperado de nós, ou realizar aquilo ao qual estamos destinados.

Porém, a menos e até que tenhamos encontrado, para nós mesmos, a resposta à indagação de o que significa ser plenamente humano, como poderemos algum dia saber se, porventura, o que estamos fazendo nos conduzirá à felicidade ou não?

O jeitinho é sempre uma tentação à nossa espreita. Nós fazemos o que os outros esperam que façamos e pelejamos para usufruir de um pouco de vida nas horas vagas. Nós trabalhamos

60 horas por semana e mandamos e-mails para os amigos, ao invés de encontrá-los pessoalmente. O problema com os jeitinhos é que eles se esvanecem tão depressa quanto surgem; nos oferecem uns poucos minutos de satisfação sem, no entanto, nos conceder aquele tipo de segurança que, de tão entranhada, nos permite nos mantermos firmes nas fases áridas e vazias da vida.

Se o jeitinho é nossa resposta ao que significa ser feliz, temos que descobrir o que nos deixaria felizes o bastante para sermos capazes de suportar toda a infelicidade com a qual venhamos a nos defrontar.

Nos tempos difíceis, somos confrontados com uma série de questionamentos inteiramente novos. Se é o dinheiro que nos faz felizes, precisamos saber quantificar a soma necessária para nos amparar diante da morte de nosso único filho. Se é o poder que buscamos, precisamos saber quantas promoções nos serão necessárias para nos ajudar a esquecer a dor das horas longe da família e do aconchego do lar. Se é a aprovação pública que procuramos, precisamos calcular quanto de prestígio nos será necessário para curar as cicatrizes dos fracassos. Quão grande terá que ser a nossa TV para encher os nossos dias de felicidade? Quantos relógios, computadores, motos, barcos, coisas, coisas e mais coisas nos faltam para sermos felizes?

E se sabemos determinar este número, será que também sabemos distinguir o mais importante de todos os números – quão poucas coisas são necessárias para fazer feliz uma pessoa realmente feliz? E por quê?

Existem outras respostas para essas perguntas que nenhuma pesquisa estatística pode jamais responder. Todavia tais indagações podem nos levar a refletir sobre a profundidade que nós lhes conferimos.

A felicidade, o que quer que ela seja, tem que nos capacitar a atravessar os períodos de *stress*. A felicidade é o que nos concede energia quando chegamos ao fim dos nossos recursos... pessoais. É a diferença entre ser emocionalmente saudável e emocionalmente superficial. Existe uma diferença entre viver e estar plenamente vivo; a felicidade é a interseção de ambos. Estar feliz é estar pronto para a vida em todas as suas formas e fronteiras.

A felicidade é o ponto em que nos tornamos o melhor do que estamos destinados a ser – plenos de vida e de esperança, plenos de possibilidades e de potencial. É o santo graal da vida. Mas o que é isto? Onde devemos começar a procurar por aquilo que as eras que nos antecederam também buscaram – sem, no entanto, nos deixarem rastros para que os seguíssemos?

Há um fator que conhecemos agora, graças a todas as pesquisas: pessoas diferentes, e até nações diferentes, buscam a felicidade em lugares diferentes e de maneiras diferentes. O que essa constatação nos ensina é muito simples, muito profundo. Aprendemos que a felicidade está relacionada à escolha. Para sermos felizes, assim parece, devemos primeiro estipular o que é a felicidade. Então devemos decidir pautar nossas escolhas por esta visão da felicidade, e não correr atrás de uma outra coisa qualquer, também aparentemente desejável, também ao nosso alcance.

Talvez, porém, a implicação mais significativa de tudo isto é que não existe uma única coisa que seja portadora automática da felicidade. De fato, é bastante plausível que as coisas não tenham muita conexão com a felicidade. Esta é uma lição que precisa, desesperadamente, ser aprendida numa economia sujeita a recessão e há muito iludida pela ideia de que a afluência fundamentada em dívidas é a chave para uma vida perfeita. Na verdade, a necessidade compulsiva de acumular coisas – o mais novo, o mais moderno, o mais caro, o melhor – talvez seja exatamente o porquê de a felicidade ter se tornado a grande questão de uma era apanhada num vendaval de coisas e lançada contra a rocha da realidade.

Felicidade: o presente da natureza

9
A felicidade e o cérebro

É bem provável que a felicidade seja uma das dimensões do desenvolvimento humano mais estudada, mais esmiuçada e mais obscura de toda a história. Com certeza é um dos conceitos mais antigos de todos os tempos submetidos à análise. Não há uma só cultura que não a esquadrinhe. Muitos tentam manipulá-la através de meios internos e externos. As pessoas vêm lançando mão do autocontrole e de drogas que afetam o humor para tornar seu mundo perfeito e sua vida "feliz". Todas as sociedades se dedicam a avaliar a felicidade pelo prisma de disciplinas diversas, tanto da área de ciências exatas quanto de humanas. As mentes mais brilhantes de todas as sociedades têm se debruçado e refletido sobre essa questão de todas as maneiras possíveis.

A razão é óbvia: a nossa própria preocupação com a felicidade não é narcisista ou hedonista, não é um reles fruto do nosso tempo, ou um sinal peculiar da devassidão da geração a que pertencemos. A felicidade não é hoje, e jamais o foi, uma preocupação insignificante da humanidade.

Já em 323 a.C., Aristóteles declarou, ousadamente: "A felicidade é o sentido e o propósito da vida, é todo o intento e finalidade da existência humana". É muito difícil falar algo mais a respeito de qualquer assunto. É impossível ignorar a felicidade.

Porém se a felicidade, conforme afirmou o notável filósofo grego, constitui "todo o intento e finalidade da existência humana", então o seu impacto espiritual também deve ser cataclísmico. Talvez Pierre Teilhard de Chardin estivesse mesmo certo ao dizer que "a alegria é o sinal infalível da presença de Deus".

Portanto, não é nenhuma surpresa que este tópico seja abordado por todos os pensadores sérios do planeta: poetas e escritores, filósofos e líderes espirituais, pelas tradições religiosas e cientistas de todos os matizes. A única diferença, nesta nossa era, é que agora existe uma nova ferramenta com a qual investigar não apenas a felicidade em si, mas os próprios impulsos e intuições das mentes prodigiosas que nos antecederam. As conclusões sociais de outrora sobre "melancolia" e "felicidade" estão, atualmente, sendo testadas pelas ciências modernas como neurologia, biologia, farmacologia, psicologia e genética.

Em outras épocas, a depressão era uma maldição e a felicidade estava a anos luz de distância da expectativa das massas. Somente em tempos recentes, na nossa era, a felicidade começou a ser reputada como um "direito".

E mais até! Nesta nossa era, a felicidade também se converteu em muito mais do que uma proposição filosófica ou teológica; transformou-se num excelente negócio. Nós vendemos conferências, e seminários, e workshops, e sessões de terapia sobre o tema. Nós a prometemos com dietas e sites na internet. Nós a garantimos com carros espaçosos e pacotes de viagens para locais exóticos.

Entretanto raramente, e se é que alguma vez, a definimos, ou ponderamos sobre sua natureza, ou a explicamos como um objetivo de vida para as crianças, a despeito do fato de a felicidade haver se transmutado na moeda do reino.

Na realidade, a "busca da felicidade" tem se firmado como um indicador de governos eficientes, um parâmetro de desenvolvimento humano que ultrapassa os valores sociais habituais de aprovação social ou de produtividade. Dois séculos atrás, mesmo no Ocidente, ainda se tratavam as crianças como miniadultos, prontas para serem usadas à conveniência da população adulta e postas para executar algum trabalho físico muito antes da adolescência. Os pequeninos simplesmente constituíam parte da mão de obra num mundo de escravos e servos. Em algumas regiões do globo, pouco ou nada tem mudado neste setor. Todavia em algumas culturas – inclusive na nossa – a responsabilidade de criar crianças "felizes", por exemplo, é hoje um enfoque inteiramente novo para uma leva inteiramente nova de pais e educadores.

Havendo superado a preocupação prioritária com a sobrevivência – pelo menos no mundo industrializado, com a sua acumulação de riquezas e devoção à comodidade – temos voltado nossa atenção para questões ligadas à autoexpressão. Nós temos nos metamorfoseado em nossos próprios objetos de preocupação. Nos últimos 100 anos, começamos a estudar a nós mesmos. E é esse tipo de estudo que está mudando as coisas, não apenas para nós, como indivíduos, mas para a nossa compreensão das necessidades e reações dos seres humanos em todos os lugares.

Confúcio, há 2.500 anos, foi a primeira figura proeminente a formular uma filosofia de governo fundamentada na ideia de que o ser humano possui um poder inerente de autotransformação. Segundo o seu pensamento, nós podemos nos tornar mais do que parecemos ser. Nós podemos mudar e, de acordo com essa sua percepção, repousa sobre o indivíduo a responsabilidade da autorrealização. Este foi um momento decisivo.

Toda essa ideia de escolha e metamorfose, de ser o agente e o responsável pela própria vida, era uma concepção revolucionária que, durante séculos, continuou a desafiar o postulado de que as pessoas existiam apenas para serem controladas por outras pessoas. O conceito de Confúcio sobre a liberdade humana básica propiciou a fundamentação que permitiria – de fato, exigiria – uma investigação da felicidade pessoal.

Afinal, se cada um de nós é dotado da capacidade de mudar suas atitudes e objetivos na vida, então será possível que tanto aquilo que oferecemos de nós mesmos quanto aquilo que alcançamos na vida, constituam o grau da nossa felicidade? Será possível que sejamos os arquitetos de nosso próprio sentido de plenitude existencial?

Mêncio, mais de 2.300 anos atrás, enfatizou o papel da mente na busca da felicidade. Ele insistia que fazer germinar "os brotos de virtude" em nós mesmos – a compaixão e a capacidade de nos identificarmos com os sentimentos alheios – nos conduziria à sabedoria, isto é, ao reconhecimento espiritual na sociedade e à felicidade pessoal.

Para esses três pensadores da Antiguidade – Confúcio, Mêncio e Aristóteles – o papel da mente no cultivo do eu e na conquista da felicidade é predominante.

Entretanto, naquela época, quem poderia ter realmente certeza dessas ideias? Quem poderia realmente atinar o que se passava na mente humana? Quem, até a chegada do nosso século – com o seu salto tecnológico nos campos da neurologia, genética, biologia humanista, psiquiatria e psicologia – poderia realmente saber? Porém, de súbito, eis que a própria mente se transformou num órgão suscetível de exploração e experimento. E mais: pela primeira vez na história, a interligação entre as funções do cérebro e do corpo podia não apenas ser deduzida, mas também percebida com os nossos próprios olhos.

Assim raiou um período inédito na história humana. Se o cérebro tinha alguma relação com as respostas emocionais – como a felicidade, por exemplo –, talvez essas reações pudessem muito bem-estar sob o nosso controle. Ou, ainda melhor, talvez essas reações já estivessem incutidas em nós desde sempre.

As implicações de tal linha de raciocínio levam o conceito habitual de felicidade numa direção completamente diferente. Se a felicidade é uma questão da mente, então não há mera acumulação de coisas que possa afetá-la.

Essas duas perspectivas são assombrosas devido à sua objetividade: ou a mente não tem relação nenhuma com a felicidade – e somos todos produtos do meio em que vivemos – ou a mente tem muitíssimo a ver com a felicidade e, portanto, todos nós estamos habilitados a lidar com esse sentimento. Logo, somos criaturas capazes de, num certo nível, ser felizes numa prisão, ou desesperados numa mansão.

Qualquer que seja a resposta a essa conjuntura, a associação entre mente e matéria está vinculada ao ser feliz.

A espécie humana avançou, no decorrer das eras, de juntar coisas para o seu simples deleite à descoberta de que a felicidade, no mínimo, está conectada tanto com o que há dentro de nós quanto com o que está ao nosso redor.

Se isto for verdade, trata-se de uma revelação arrebatadora pois, à sua luz, talvez se explique como aqueles que ficaram paraplégicos podem ser tão felizes hoje quanto o eram antes do acidente. Talvez se explique como o volume de transformações no meio ambiente não implique, necessariamente, na mudança de nossas atitudes para melhor. Talvez nos ajude a compreender por que algumas pessoas não são felizes a menos que estejam infelizes. Talvez nos conduza a uma percepção mais nítida e límpida de nós mesmos – e então nos sentimos impelidos a fazer algo para construir a nossa felicidade em vez de passar a vida à toa, esperando que alguém, ou algo, faça isso por nós.

A verdade é que alguns fundamentos da ciência social têm se revelado dolorosamente claros: quase 1/5 da população adulta dos Estados Unidos sofrerá algum tipo de depressão no decorrer de sua vida. Quase 10% das crianças americanas também vivenciarão um episódio depressivo grave ao chegarem aos 14 anos[12]. Esta é, evidentemente, uma cultura que precisa dar mais atenção ao significado e às formas da infelicidade.

Todavia, alguns fundamentos da anatomia também se tornaram mais claros. Graças ao trabalho do psiquiatra Dr. Robert Heath, desde 1949 os cientistas têm conhecimento de que o cérebro humano, quando estimulado, pode originar, alterar e afetar toda a gama e manifestação das emoções humanas, bem como a mera experiência pessoal de felicidade.

E isto foi só o começo.

Através de exames neurológicos, constatou-se que um terço inteiro do cérebro está associado com a expressão de emoções e da felicidade, além de ser também responsável pela geração de depressão, ou de tristeza comum, ou de uma muito profunda e inexplicável melancolia[13].

A questão é a seguinte: as emoções humanas, no cérebro saudável, têm alguma conexão com o nosso modo de pensar, com as ideias que nos obcecam, com a maneira como encaramos as situações em que nos encontramos. Em outras palavras, a felicidade está relacionada com escolha.

As emoções, nós hoje o sabemos, não são apenas uma espécie de angústia espiritual, ou uma alma cheia de alegria. As emoções possuem uma dimensão física. Elas não são, simplesmente, uma névoa efêmera de sentimentos imateriais, incorpóreos. As

---

12 *The Pursuit of Happiness* [Disponível em www.pursuit-of-happiness.org – Acesso em 30/01/2010].

13 *The Biology of Happiness* [Disponível em www.abc.net/au/science/features/happiness – Acesso em 30/01/2010].

emoções existem. Podem ser localizadas na geografia do cérebro. E também ali podem ser abaladas, perturbadas.

De repente palavras como "hormônios", "endorfinas", "neurotransmissores" e "adrenalina" passaram a ser parte de um novo vocabulário do ego. Drogas farmacológicas, cirurgia, exercícios, genes da felicidade e eletrodos que leem as reações cerebrais se converteram no elo entre a afirmação de Aristóteles, de que a felicidade é "todo o sentido e propósito da vida", e a tentativa humana de alcançá-la.

O fato é que, atualmente, a ciência tem uma forte coligação com a filosofia, religião e artes, sendo o seu denominador comum a preocupação de compreender o vínculo entre as dimensões física e emocional da vida. Não somos meros prisioneiros dos tempos difíceis que nos rodeiam. Nossos pensamentos são capazes de encontrar uma saída.

Podemos nos treinar para reagir de um modo diferente. Podemos aprender a sorrir diante de um insulto ao invés de devolver na mesma moeda, com amargura no coração e um brilho homicida no olhar. As emoções humanas, embora não sejam apenas físicas, possuem, sim, um aspecto físico. Elas são uma parte de nós que se acha sob o controle do cérebro – exatamente como o restante de nós. Elas nos pertencem. Nós as criamos. E devemos admiti-las a nós mesmos. As emoções não são "simplesmente do jeito que são". Elas são do jeito que nós as permitimos se tornarem.

O que é ainda mais importante, nos estudos atuais sobre a felicidade, é a consciência de que nenhuma das disciplinas descarta o impacto da relação entre o cérebro e o meio ambiente na busca da felicidade. Os pensamentos que formulamos dão colorido às lentes com as quais enxergamos a vida. As emoções que cultivamos em nós têm muito a ver com o modo como convivemos com os outros. A maneira como nos sentimos em relação às coisas determina a maneira como reagimos a elas. O homem que toma uma bebida quando está zangado, em vez de se desculpar por também colaborar com a tensão reinante, é alguém que se permitiu ver a si mesmo como "insultado", e não "incompreendido". A mulher que fica histérica quando o filho cai da bicicleta é alguém que nunca aprendeu a ser grata pelo filho não haver se machucado e não se deixado paralisar pelo medo do pior.

No nível espiritual, uma coisa é estar sob a influência da "lei natural" – a bússola que aponta para uma moralidade que dizemos ser inerente a todas as pessoas do planeta, independente de raça, sexo ou etnia. Outra coisa bem diferente é reconhecer a raiva homicida como o resultado do que acontece no cérebro e que também planta suas sementes na alma. Por conseguinte, esquecer a dimensão física das emoções é ignorar o próprio cerne da questão da felicidade.

Hoje a ciência sabe, com uma precisão neurológica, que o que conhecemos a respeito de como o cérebro funciona tem uma ligação estreita com a forma como as pessoas aprendem a agir sob *stress*, nas fases de perdas, em face ao conflito, nos relacionamentos com terceiros.

A psicologia sabe que ajudar as pessoas a aprenderem a ser felizes é tão importante quanto – senão até mais – do que ajudá-las a conviver com a depressão.

A filosofia sabe que a escolha humana é essencial à felicidade.

E a religião sabe ser o nosso desejo inato de "felicidade" – seja lá como a definimos – o que está na base da maneira como passamos pela vida, o que está no cerne das escolhas que realizamos, o que constitui o âmago do modo como reagimos em tempos de embate moral e social e, finalmente, na raiz do porquê do que fazemos a nós mesmos e aos outros.

Tanto a qualidade da vida humana individual quanto a natureza das sociedades que construímos na nossa busca do que consideramos felicidade, são afetadas por essa coreografia entre o cérebro e as circunstâncias da vida. Mas, sobretudo, nenhum destes dois aspectos – a qualidade da vida que vivemos e a qualidade das sociedades que criamos – podem ser ignorados se queremos realmente saber o que é a felicidade e o que ela tem a ver com uma vida bem vivida.

A principal constatação da ciência – ainda que jamais se descubra algo mais concreto que isso – é que a felicidade não é uma fantasia, não é uma ideia, uma ilusão, uma invenção de charlatões e espertalhões para que sigamos comprando poções de nada. A felicidade é um sinal e uma medida do desenvolvimento humano. É uma referência a nos orientar, um critério a nos guiar quando somos tentados a desistir de sua busca e resvalar numa vidinha apática e sem amor, eternamente adolescente e tristemente infantil.

No que concerne a vida, nós o sabemos agora, não existe nenhum substituto para a felicidade. A felicidade não pode ser "conseguida", como se por um golpe de sorte. Não pode ser perseguida, como se fosse uma mercadoria, ou algo fora de nós mesmos. A felicidade deve ser escolhida, e desenvolvida, e cultivada além das coisas que as pesquisas pesquisam. A felicidade está em nós e além de nós. E é o elixir da vida espiritual.

10
Estruturado para a felicidade

Em 1962, uma descoberta dos cientistas sobre o corpo humano não apenas mudou o nosso entendimento da neuroanatomia, mas também a própria compreensão de nós mesmos e de nossas ideias acerca do propósito da vida. Essa descoberta fez da máxima de Aristóteles, "A felicidade é todo o intento e finalidade da existência humana", mais presciente do que nunca.

Sem a menor sombra de dúvida, o principal avanço revolucionário do século XX não foi nem a internet, nem as explorações pioneiras do espaço. A maior descoberta humana da nossa era é que somos criaturas estruturadas para a felicidade.

Dra. Candace Pert, precursora no campo da bioquímica cerebral, afirma: "Você e eu fomos estruturados para o êxtase. Estamos destinados a desfrutar da alegria"[14]. Explicando uma verdade óbvia, a doutora argumenta: "O cérebro existe para maximizar o prazer".

Até 1962, quando ocorreu o evento da identificação dos receptores opioides, predominava a percepção de que as emoções – sentimentos – compunham os "elementos espirituais" da condição humana e, logo, encontravam-se fora do âmbito da ciência pura. Afinal, a ciência lidava com coisas materiais: coisas que podiam ser

---

14 *Your Body Is Your Subconscious Mind*. DVD© 2000 Sounds True, Inc., Boulder, CO.

contadas, enxergadas. As emoções, essas respostas insubstanciais, originadas sabia-se lá de onde, talvez fossem níveis elevados de energia. Ou, talvez, traços de personalidade descontrolados. Porém tinha-se uma única certeza: as emoções não eram, de jeito nenhum, físicas, no sentido mais genuíno do termo. Ou seja, não podiam ser localizadas, não possuíam forma e tampouco função.

Todavia, em 1976, os neurologistas descobriram as endorfinas, substâncias cujos efeitos se assemelham aos da morfina e que se acham ligadas aos receptores opioides do cérebro. As endorfinas, ou "morfina endógena", conforme a etimologia do vocábulo implica, são analgésicos naturais. E como se não bastasse, também provocam efeitos de euforia. Em outras palavras, nos fazem sentir bem, nos proporcionam uma sensação de contentamento, de "felicidade". Segundo a Dra. Pert, são os "peptídeos do prazer".

Os neurologistas constataram que, quando estimulados estes peptídeos no cérebro, as pessoas apresentavam reações emocionais totalmente distintas, ou memórias emocionais.

É incontestável que as respostas emocionais, qualquer que seja o seu conteúdo espiritual, são tanto físicas quanto "mentais"; podendo ser localizadas, manipuladas e alteradas. Tais substâncias são uma energia e criam o elo entre as dimensões espiritual e física da vida. E, o mais surpreendente de tudo, suas principais funções consistem em estabelecer conexão e causar prazer.

Portanto o ser humano não é um corpo robotizado. Somos seres integrados, cujo estado mental determina o clima da nossa existência.

A consciência de que a felicidade não é uma ideia, e sim uma "coisa", uma dimensão real do cérebro humano, passível de ser cuidada e compreendida, é um *insight* avassalador. A realidade da felicidade, como um estado natural da vida, produz um impacto revigorante em nós. Esse entendimento elimina – numa avalanche de emoções – tudo o que jamais nos foi ensinado sobre a relação entre corpo e alma, entre emoções e razão, entre o significado da vida e as experiências vividas. As emoções não são um nada. Nós as geramos e elas nos geram.

Nós não "pensamos" como cérebros desencarnados. Nós pensamos com as informações que o corpo nos fornece.

E neste caso, a informação – a própria existência de receptores opioides e neuropeptídeos – nos revela que o propósito da vida vai muito além do sofrimento.

Se isso for fisicamente verdade, então também é verdade que uma condição de vida denominada "felicidade" seja mais do que uma impressão momentânea que nos é imposta de fora para dentro, mais do que uma mera sensação, e sim uma propriedade da mente, um estado que nos é intrínseco, estrutural e permanente. A "felicidade" é uma finalidade do ser humano. É uma fibra do tecido do eu. Está ao nosso alcance, para que dela nos apossemos. É parte da razão de existirmos. É uma medida do que significa ser plenamente humano.

Quando as Escrituras nos falam de Deus, quando nos dizem que Deus "deseja que nos regozijemos e não nos aflijamos", trata-se de uma premissa concreta. Nós fomos fisicamente projetados, fisicamente estruturados, para ser felizes.

O potencial para a felicidade está encravado em nosso próprio corpo. À espera de que o realizemos.

Conceitos como este demandam de nós uma ponderação inteiramente nova, requerem que repensemos qual é, de fato, o significado da vida, que reflitamos sobre o que ser humano acarreta, sobre o que a humanidade não só tem o direito de exigir *para* si mesma, mas também *de* si mesma. Proposições como esta negam a noção de que vida espiritual é sinônimo de "sofrer", de "oferecer sacrifícios", de reprimir o eu e, em especial, de classificar o sofrimento como mais importante do que a alegria.

Somente na história moderna a felicidade se converteu num "direito humano". Até então, podíamos nascer e morrer, podíamos atravessar nossa existência inteira ruminando apenas sobre como suportar as dores que nos eram inculcadas ao invés de pensar em como encontrar alegria e, muito menos, em como perceber e desfrutar de uma sensação de contentamento e satisfação gerais.

Em eras passadas, considerava-se a alegria um sentimento espiritualmente suspeito, superficial e destituído de mérito. As gerações que nos antecederam se mostravam convictas de que a vida era um teste para saber se a pessoa se rende diante do pior, de modo que, talvez, algum dia, nalgum outro lugar, alguma coisa melhor nos estaria reservada.

Ainda hoje as deformidades dessa linha de raciocínio continuam nos atormentando. O mundo ao nosso redor, cultura após cultura, permanece abarrotado dessas ideias. Os "homens de verdade", de acordo com o que aprendemos, são aqueles capazes de aguentar a dor e impingir dor. As "mulheres de verdade" são aquelas capazes de tudo suportar, de tudo padecer, de esgotarem-se a si mesmas para o bem de terceiros, sem dedicar um único pensamento à sua própria felicidade. "Sem dor, sem ganho", sentenciamos com altivez, quando o que queremos realmente dizer é que as coisas boas da vida só podem ser conquistadas depois de havermos sofrido um bocado para merecê-las.

Em meio a esse tipo de raciocínio, o próprio conceito de uma geografia emocional do cérebro tem operado um impacto transformador, cujas consequências se estendem pela vida afora. Este é o *insight* arrasador do século XX. Se as emoções são físicas, se a felicidade é construída no cérebro, então todos os nossos velhos medos sobre a alegria e o prazer como sinais de uma trégua com corpo – isto é, com o nosso eu "inferior", com as nossas "fraquezas" – não passam de heresia.

A conexão entre mente e corpo – conforme a neurologia sinaliza – apaga, num dilúvio de emoções, tudo que nos foi ensinado sobre a relação negativa entre corpo e alma, sobre o antagonismo contínuo e inato entre as emoções e a razão, sobre a ameaça intrínseca das coisas materiais e a despropositada exaltação da razão.

A ideia de que a mente era pura razão, o único inimigo racional de nossos corpos, parece estar em desarmonia com o que a ciência nos revela a respeito de o corpo humano ser estruturado para a felicidade. O prazer não é alheio a nós, criaturas racionais que somos, tampouco é um intruso perigoso a ser ignorado.

O prazer, e sua contribuição à felicidade, é a parte de nós que confere doçura à nossa existência, que torna suportáveis as pressões do cotidiano e nos inunda de amor pela vida. O prazer nos infunde energia para seguir adiante, quando seria mais fácil simplesmente desistir. É o que possibilita aos portadores de doenças terminais viverem por mais tempo e em plenitude. É o que nos habilita a encarar cada uma das tempestades que porventura venham a nos assolar, porque temos em nós a felicidade necessária para enfrentá-las. O prazer nos desafia a não negarmos as nossas emoções, mas a decidir em qual delas nos concentrar num dado momento.

O ser humano é a única criatura dotada do poder de escolher aquilo a que irá se dedicar no decorrer de sua vida, afirma a Dra. Pert. E é isto o que constitui o "controle da felicidade".

Portanto a verdade é que perseguir o sonho da felicidade não é um exercício inútil. Não somos vítimas de nossas fantasias; nós somos os seus artífices. Nós sabemos quando o que desejamos está fora de nosso alcance e também sabemos quando nos é acessível, embora através de um outro caminho. A ciência é clara em seu postulado: se estamos realmente buscando a felicidade – e não apenas nos permitindo resvalar para dentro de um masoquismo perverso – precisamos mudar de rumo.

11
A felicidade é uma meta

Os indicativos da ciência contemporânea para a compreensão não só da fisiologia da felicidade, como também de nossas próprias vidas, são sérios. Eles nos fazem voltar um novo olhar para a maneira como estamos vivendo e nos perguntarmos não apenas o que está faltando, mas por quê.

"A maioria das pessoas é tão feliz quanto decide ser", disse Abraham Lincoln.

Nós poderíamos ter nos permitido ignorar uma afirmação como esta 50 anos atrás. Entretanto, não agora. A felicidade, segundo o mundo de outrora, era uma questão de casta. Ou talvez uma questão de virtude. Ou talvez de sorte. Ou talvez até de merecimento. Todavia, com certeza, não era uma questão de responsabilidade pessoal, e muito menos uma escolha mental.

Quando muito, a felicidade – se é que tal coisa realmente existisse – era mais uma casualidade do que uma esperança. Às vezes, para algumas pessoas, talvez a felicidade viesse atrelada à posse de terras, riqueza, posição social, liberdade ou poder – porém nunca como uma condição de vida a ser usufruída pela maioria das criaturas, por gente como nós.

Eis, então, que as descobertas da ciência moderna promovem uma mudança em tudo isto. E assim tomamos conhecimento da verdade: a pretensão da felicidade é ser uma condição de vida. Um estado ao qual estamos todos destinados. Você e eu. Nós não nascemos para ser os filhos proscritos de um Deus amoroso. A vida não é um teste de resistência. De fato, o jardim do paraíso de qualquer um é parte da química do corpo humano. Cabe a cada um de nós torná-lo realidade.

Esta premissa responde ao questionamento de como paraplégicos, prisioneiros, velhos e jovens, moribundos e saudáveis, com frequência – e para o nosso eterno espanto – nos deixam perplexos ao se declararem contentes. E também explica o reverso da medalha: como é que pessoas que têm tudo podem se mostrar tão desoladas, tão instáveis, tão insatisfeitas com todas aquelas coisas que o restante de nós acredita, sem sombra de dúvida, serem capazes de fazer qualquer um feliz.

Abderramão III, da Espanha, escreveu no século X: "Tenho reinado agora há aproximadamente 50 anos, vitorioso e em paz, amado pelos meus súditos, temido pelos meus inimigos e respeitado pelos meus aliados. Riquezas e honrarias, poder e prazer, tudo tem estado ao meu dispor, e nenhuma bênção terrena parece faltar à minha felicidade. Vivendo esta situação, enumerei, diligentemente, os dias de pura e genuína felicidade que me couberam. A soma total foi quatorze". Evidentemente é possível "ter tudo" e ainda não possuir a felicidade que buscamos, o tipo de felicidade que perdura, que transcende todos os seus sabores diversos e fugazes.

O grande problema com a declaração de Abderramão III, nós agora sabemos, é que a felicidade simplesmente "não cai no nosso colo". A felicidade não é uma questão de pura sorte. Não se a ciência tiver razão. A felicidade é algo para o qual fui estruturado, desde que esteja desejoso de cultivá-la dentro de mim.

A felicidade, enfim principiamos a compreender, é uma meta, um objetivo, não um acidente de percurso. Tampouco é uma espécie de futilidade existencial. Pelo contrário, é imprescindível à vida. Se nascemos, realmente, com a aptidão de ser feliz, então é bom começarmos a entender que cada um de nós, de alguma maneira, é responsável pela felicidade a que somos destinados. Assim como fomos estruturados para a aprendizagem, para a fala, para a leitura, ou para nos relacionarmos com os outros seres humanos, estamos estruturados para desenvolver a nossa capacidade e propensão inatas para a felicidade.

Caso tenhamos sido "feitos para o êxtase", conforme apregoa a ciência do cérebro, então urge descobrirmos por nós mesmos o significado que conferimos a "êxtase", de modo que possamos moldar nossa alma de acordo com o que fomos talhados para ser. Temos, entranhado em nós, um destino a ser cumprido. Nosso destino é ser feliz. O nosso desígnio não é passar pela vida esperando aparecer alguém que nos faça feliz, que opere milagres em nosso cotidiano, pois estes deveriam ser frutos de nosso próprio empenho.

Mas isto implica, também, que cabe a nós separar o joio do trigo. Nós precisaremos saber distinguir o prazer da alegria; a saciedade dos deleites sensuais da percepção profunda e genuína de estar vivo, de ser feliz. O carro novo só será novo por um determinado período. O que iremos almejar em seguida? As nossas escapadelas não durarão para sempre. Do que iremos necessitar para continuarmos nos sentindo saciados? É óbvio que arrebatamento não é sinônimo de felicidade. E nem todo prazer conduz à felicidade. Felicidade é o que permanece quando a excitação há muito se extinguiu e o prazer já foi consumado.

A terrível verdade não tarda a se revelar: prazer e felicidade não são sinônimos. As crianças pulam de um brinquedo para o outro; os adultos pulam de uma empolgação para outra, de um amante para outro, e acabam tão inquietos quanto começaram. Uma única e simples lição que todo esse processo nos ensina: a busca frenética de novas experiências excitantes nada mais é do que uma variante do prazer, não uma existência feliz. Tampouco, quando somos adultos, a procura febril de satisfações físicas conduzem ao contentamento.

O problema é que o prazer é uma estimulação momentânea dos sentidos. Sorvete é delicioso – até que o tenhamos comido em excesso. Dinheiro é importante – até descobrirmos que há coisas na vida que ele não consegue comprar. A liberdade é empolgante – até percebermos que estamos perdidos porque não sabemos o que fazer com ela, ou para onde a vida está nos levando. Então, sozinhos num apartamento, isolados numa cela de prisão, ou ilhados numa mansão, somos arremessados de volta para os nossos próprios estratagemas e, entregues a nós mesmos, tentamos definir o que realmente nos traria o contentamento, a serenidade e a sensação de plenitude necessárias para considerar a vida "boa".

Neste ponto da jornada, a nossa compreensão da própria natureza da felicidade e de seu significado para nós, adquire um novo brilho. "Siga o seu entusiasmo", incitou Joseph Campbell, o grande mitologista e mentor do pensamento universal. E, ao explicar o sentido conferido a esta expressão, ele nos oferecia, também, um *insight* da distinção entre prazer e felicidade. Disse Campbell:

> Se você seguir o seu entusiasmo, começará a trilhar um tipo de caminho que sempre esteve ali, à sua espera, e a vida que você deveria estar vivendo é esta mesmo que está vivendo agora. Onde quer que você esteja – se você estiver seguindo o seu entusiasmo – você está, o tempo inteiro, desfrutando daquela renovação, daquela vida interior.

Felicidade – parece-me, pelo menos num nível – é descobrir onde nos encaixamos, onde somos realmente quem somos, onde não haja nenhum conflito entre quem somos e o que realizamos, entre onde nos encontramos e onde desejamos estar, entre o que estamos fazendo e o que, de fato, queremos fazer. Então, para nós, o tempo para. E já não é mais, como proclama a máxima irlandesa, uma questão de "pelejar mais um dia até a chegada do grande dia". Não. Quando estamos felizes – verdadeiramente felizes – já habitamos uma parte do paraíso que foi preparada para nós desde o início dos tempos.

Portanto, a única pergunta efetiva é o que sustenta essa felicidade em nós muito depois de as estrelas do dia cessarem de cintilar, a lua perder o seu brilho e o sol nascente trazer consigo tanto a névoa quanto uma nova luz.

12
A felicidade é um valor

Para nos lançarmos ao encalço da felicidade, com alguma esperança de enfim encontrá-la, é preciso nos confrontarmos com uma pergunta crucial. É fácil falar que a felicidade é um valor, a questão é se de fato a valorizo. Será que me importo o bastante a ponto de não medir esforços para buscá-la?

A resposta à indagação, se valorizo ou não a felicidade, jaz na definição do tipo de coisas com que me ocupo a maior parte do tempo. Sinto-me mais feliz – mais contente, com mais gosto pela vida, mais descontraída, ao invés de me aborrecer com quaisquer insignificâncias – em razão de como passo o meu tempo? Quando o que estou fazendo é o melhor que posso, a felicidade – essa sensação de deleite e propósito, de sentido da vida e plenitude – com certeza se acha ao meu alcance. O *Violoncelista de Sarajevo*, vestindo fraque e tocando seu instrumento em meio aos escombros da Biblioteca Nacional de Sarajevo – porque essa era a única maneira que ele conhecia de elevar o espírito e arrebatar a alma daquela gente alquebrada e derrotada, na fila de pão – é um ícone de felicidade abrasadora num mundo brutalmente infeliz; é uma imagem do sentido supremo da existência, de um dom a ser doado, da conscientização de que cada um de nós tem um porquê de haver nascido.

A descoberta de que somos parte de algo muito maior do que nós mesmos não apenas conspira para a nossa felicidade, como também altera, por completo, o resto de nossos dias. Uma jovem designer de Nova York, assombrada pelas fotos de crianças atordoadas e aterrorizadas depois do terremoto no Haiti, construiu domos geodésicos para abrigar os refugiados. Embora jamais houvesse produzido nada semelhante antes, sua dedicação a este empreendimento era tal, que acabou se dando conta de que amava projetar, montar e entregar, pessoalmente, as cúpulas no Haiti. E mais ainda, na sua peleja para conseguir liberar os domos na alfândega – enquanto desabrigados e órfãos dormiam ao relento, na lama e na chuva – a jovem reparou em si tamanho comprometimento ardoroso com a justiça que o rumo de sua vida, tanto quanto o dos haitianos, mudou.

O que percebemos a respeito de nós mesmos quando realizamos o que nos deixa felizes – a sensação de autoexpressão, o ímpeto de aprender, a necessidade de partilhar, a euforia de doar – não pode nos ser revelado de nenhuma outra forma. E, principalmente, o que aprendo sobre o desenrolar da minha própria existência, em virtude dessa experiência, costuma ser um divisor de águas. Einstein, brincando com números num escritório do telégrafo, deparou com o grande matemático existente dentro de si. Anna Mary Robertson Moses, mais conhecida pelo apelido de Vovó Moses, enquanto entretinha-se com tintas e pincéis, já na altura de seus 70 e tantos anos, permitiu que viesse à tona a artista que desconhecia ser. Um oftalmologista, amigo meu, se descobriu um espírito pioneiro, desbravador, numa viagem à América do Sul. Ele retornou à região, construiu clínicas e, ano após ano, treina voluntários para também trabalharem nos povoados daquele subcontinente. Eu mesma, ao ministrar palestras acerca do processo de mudança social sob o prisma da administração de comunidades, vi-me, mais uma vez, face a face com a escritora há muito reprimida em mim.

Quando faço o que amo não é trabalho; é vida.

Se ando à procura da felicidade, porém permaneço num emprego de que não gosto só porque paga mais – a despeito de experimentar pouca ou nenhuma satisfação pessoal –, estou buscando a felicidade, ou apenas tentando arranjar um substituto para a alegria de realmente viver a vida à qual fui destinada?

Se estou correndo atrás da felicidade e no entanto continuo no emprego de que não gosto porque não consigo arrumar outro, ou não posso me dar ao luxo de me demitir, é provável que eu não realize tudo o que desejo, mas uma ou outra coisa sem dúvida poderei realizar!

É óbvio que, neste caso, será imprescindível abrir espaço na minha vida tanto para o emprego quanto para desfrutar pelo menos de um pouco do que, deveras, me dê prazer.

Perceber algo como valioso não implica, necessariamente, valorizá-lo o suficiente para me empenhar na sua obtenção.

Somos destinados a ser felizes sim, todavia o verdadeiro projeto de felicidade consiste em determinar o porquê de estarmos fazendo o que nos impede de atingir esta meta. Quando estou fazendo rigorosamente o que não quero, é hora de parar para uma análise, para uma avaliação. O que será que considero mais importante do que realizar aquilo que faz aflorar em mim o que de melhor tenho a oferecer e que me concede, em troca, a felicidade almejada?

Por que estudei matemática, por exemplo, quando a minha paixão sempre foi literatura? Terá sido porque meu pai insistiu que eu ganharia mais dinheiro com um diploma de matemática do que de literatura? Por que me formei em direito, quando sempre quis trabalhar com crianças? De quem adotei as ideias sobre felicidade – e por quê? Será o medo do fracasso, da pobreza, ou da mudança o que me impulsiona? Será a necessidade de aprovação social o que me motiva? Ou será que existe alguma coisa que eu tenha tanto pavor de perder quanto anseio de conquistar? E, no final das contas, como resultado disso tudo, o que aconteceu com o meu verdadeiro eu? O que valorizo mais do que a minha própria felicidade? E por quê?

Estes são questionamentos transformadores, pois me conduzem a uma reavaliação existencial, me possibilitam reconfigurar a minha rota. Talvez eu permaneça exatamente onde estou, mas, no mínimo, saberei o que é que me prende ali. Posso, enfim, parar de culpar os outros pelo que acontece na minha vida. Posso assumir a responsabilidade por minhas ações e, então, pelo menos, experimentar o entusiasmo resultante de ser um adulto consciente. Saberei assim que, em última instância, o que estou fazendo com minha vida é opção minha, é minha escolha. Ou talvez eu finalmente reconheça que não era tanto a felicidade o que eu procurava, e sim prestígio ou excitamento, prazer ou *status*, dinheiro ou poder.

O psiquiatra Steven Reiss identifica dezesseis desejos definidores da nossa personalidade, os quais, nas suas palavras, constituem as nossas "chaves para a felicidade". São estes: aceitação, ordem, poder, independência, idealismo, vingança, atividade física, honra, família, *status*, romance, alimentação, poupança, contato social, tranquilidade e curiosidade ou conhecimento[15].

De acordo com Reiss, a não ser que consigamos satisfazer cinco ou seis dos nossos principais desejos, independente do que quer que façamos, não seremos capazes, de jeito nenhum, de atingir aquele estágio em que um desconforto inerente à vida cessa de nos afligir e passamos a nos enxergar como pessoas felizes.

Está claro que a felicidade exige uma grande dose de autoconhecimento. Em algum ponto da nossa jornada se, efetivamente, aspiramos à felicidade, precisamos começar a ser nós

---

15 *Reiss Study Key to Happiness* [Disponível em www.reissprofile.eu/index. cgi?lang=1&tab=1&page=182 – Acesso em 20/08/2009].

mesmos, ao invés de clones de alguém. Precisamos escutar, com atenção, as nossas próprias desculpas para não realizar o que dizemos que iremos ou tencionamos realizar. Precisamos nos pressionar para ser sinceros conosco mesmos. "Simplesmente não tenho tempo", falamos. "Se eu não fizer isto, ninguém mais fará", argumentamos, procurando justificar o fato de fazer uma coisa em detrimento de outra. "Não sei como", nos lamuriamos.

Mas, se formos honestos conosco mesmos, notamos que não nos esforçamos para arranjar tempo, que não abrimos mão de certas coisas em prol de outras mais importantes, que não tentamos descobrir como fazer aquilo que sonhamos fazer. Em algum momento, ao longo do trajeto, desistimos da felicidade que alardeamos buscar. Abandonamos o nosso próprio crescimento. Acatamos os sonhos de terceiros como se fossem os nossos.

Os anos passam sem que venhamos começar a perceber as grandes lacunas em nossa existência. Olhando para trás, constatamos que a "felicidade" nunca foi, realmente, um valor para nós. Pelo contrário, fomos treinados para fazer o que proporcionaria felicidade aos outros.

Fomos treinados para valorizar o trabalho duro, por exemplo, porque nosso pai, temendo outra recessão, insistiu que o trabalho deveria ocupar o centro da nossa vida.

Fomos treinados para valorizar a obediência e a disciplina porque a deferência era a chave para a aprovação, para o sucesso sistêmico e até para a santidade – a despeito de John Templeton nos haver advertido de que "Teríamos sido pessoas mais santas se houvéssemos experimentado a raiva com mais frequência".

Fomos treinadas para buscar romance porque o casamento era o único caminho para a mulher e assim jamais pudemos descobrir se poderíamos ter sido, ou não, dançarina, executiva, profissional de carreira, política.

Fomos treinados para ser homens fortes e independentes, de modo que nunca fomos capazes de construir relacionamentos pessoais profundos e o resultado é que nos sentimos solitários toda a nossa vida.

Não é que tudo isto não tenha valor, ou não seja digno de ser aprimorado. Porém, se essas coisas me desviam do processo de desenvolvimento dos meus próprios dons ou desejos, a felicidade se torna uma invenção da minha imaginação e passo a vida inteira como um mero simulacro de ser humano – sem o ser em plenitude. O que estou fazendo não serve, não é apropriado. O que estou fazendo não significa nada, nem para mim, nem para qualquer outra pessoa. O que estou fazendo não contribui para o meu crescimento e tampouco para a transformação do mundo. Tudo o que estou fazendo é fomentar surto após surto de excitação momentânea com algo que não me satisfaz a longo prazo. As engenhocas estão sempre sendo modernizadas enquanto sou largada para trás, ansiando por mais uma novidade que também logo será superada.

Então coisas que não me saciam, e que jamais poderão me saciar, se convertem num entorpecente de minha escolha e sabotam a busca que suponho estar empreendendo. Conforme enfatizou o filósofo Aristóteles, essas coisas não satisfazem a minha capacidade humana mais elevada – a razão – e não conferem significado, propósito e direção à minha vida. Essas coisas pouco me acrescentam, e menos ainda aos outros. Sigo aos trancos e barrancos pela vida afora, agarrando coisas que me escapam por entre os dedos como pó. Na minha procura da felicidade deparo somente com prazeres triviais, inúteis a curto prazo e destituídos de valor para a vida a longo prazo. Coisas que levam somente ao entorpecimento da alma.

A felicidade é um valor, a ciência afirma, que é construído dentro de nós de uma forma especial. Nenhum outro valor – dinheiro, sucesso, ordem, poder – é construído dentro do cérebro.

Nenhum outro valor pode, jamais, tomar o lugar do anseio pela felicidade. Quando muito, os demais valores direcionam nossa busca de uma maneira que nos permite, por fim, achar escoadouros para aspirações que realmente condizem com as nossas habilidades, satisfazem as nossas necessidades e nos capacitam a imprimir nossas pegadas na areia.

Numa cultura focada na criação e fomento da ambição por bens – dinheiro, símbolos de *status*, acumulação – é fácil tudo isso se converter num substituto perturbador da felicidade que buscamos; uma distração ao longo do caminho, um acostamento na estrada para a descoberta do eu.

Entregar nossa vida a essas coisas apenas nos retém e retarda a percepção daquilo que realmente pretendemos encontrar e estamos destinados a ser. O valor do nosso eu é diminuído com cada uma de nossas escolhas descartáveis. E, bem no fundo, nós o sabemos. Nós enxergamos o vazio, reconhecemos nossa existência farsesca. Sabemos que estamos fingindo. Temos consciência de que nos engolimos a nós mesmos, assim como os deuses gregos engoliam os seus filhos.

Perdemos de vista o significado de atingir a plenitude do eu. Passamos a vida almejando ser felizes, ao invés de nos empenhar em fazer o que for necessário para nos realizar, para alcançar a plenitude, em dar o melhor de nós, em nos dedicar a um trabalho significativo, em deixar o mundo melhor porque vivemos nele, em ser felizes, enfim.

E tudo porque sabíamos que a felicidade era um valor, mas não a valorizamos o bastante para nos metamorfosearmos em pessoas felizes. Em vez de continuarmos em frente até nos percebermos realmente, realmente, felizes com quem somos e com o que fazemos, no fim, a vida permanece inacabada para nós. O propósito supremo da nossa existência desbota e nos perguntamos por que estamos avançando a passos lentos, vacilantes, e não correndo pela vida, de cabeça erguida e aos risos.

A questão mais importante é compreendermos que nunca é tarde demais para dar atenção àquilo que nos falta, nunca é impossível sorver das fontes existentes dentro de nós e das quais ainda não experimentamos o sabor. Nunca é tarde demais para nos tornarmos quem fomos destinados a ser, tanto para o nosso bem, é claro, quanto para o bem do mundo que nos cerca. Madre Teresa deixou como legado uma ordem religiosa depois de 18 anos de sua chegada, sozinha, a Calcutá. Candy Crowley, passou anos trabalhando como jornalista correspondente, especializada em política, para diversos programas de TV até se tornar, aos 60 e poucos anos de idade, âncora de seu próprio programa, o dominical *State of the Union*. Ronald Reagan entrou para a política aos 55 anos e foi reeleito presidente dos Estados Unidos aos 73 anos.

Seja lá qual for a parte de nós que ainda nos falta, ela está em algum lugar, nos esperando encontrá-la. E o resto do mundo está neste compasso de espera também.

A descoberta das endorfinas – esse princípio do prazer e o centro das emoções no cérebro humano – foi um dos mais importantes aprendizados da ciência no século XX. Tal descoberta fez da felicidade um imperativo e faz do entendimento do verdadeiro significado da felicidade o exercício fundamental da vida. Por fim, reconhecer o valor da nossa própria felicidade pode ser uma das principais lições que um dia aprenderemos – tanto para o nosso próprio bem quanto para a felicidade daqueles ao nosso redor.

De uma coisa tenhamos certeza: tentar afogar o anseio pela felicidade no álcool, ou suplantá-lo com viagens, ou evitá-lo através da distância, ou sufocá-lo na depressão, pode abafar o clamor da alma pela felicidade, pelo menos por algum tempo. Porém nenhuma dessas reações distorcidas ao impulso humano de alcançar a sua plenitude pode ser calada para sempre.

Felicidade: um compromisso com a escolha

13
Psicologia e felicidade

É bem possível que uma das perguntas mais interessantes da história da psicologia seja a seguinte: por que se demorou tanto para chegar a tal entendimento? A felicidade, os neuropsicólogos nos dizem hoje, é a própria essência de ser um humano. Somos feitos para a felicidade, a ela destinados.

Na verdade, a busca da felicidade é o empreendimento humano básico. Todas as disciplinas acadêmicas no planeta – desde que se tem registro – têm pelejado com a questão da natureza da felicidade, com o que constitui a felicidade e como alcançá-la. É paradoxal, mas apenas a psicologia – justo a disciplina inteiramente devotada ao estudo do desenvolvimento da mente e personalidade humanas – custou a descobrir esse assunto.

Uma disciplina relativamente recente, fundada no fim do século XIX, a psicologia restringia-se, então, ao estudo da consciência humana, cognição, visão, audição e condução nervosa. Somente algum tempo depois esta nova disciplina começou a aplicar ao estudo da psique humana – mente, pensamento e comportamento – o mesmo tipo de rigor científico que já era a norma nas áreas das ciências físicas e químicas.

Todavia, esta ênfase às estruturas mentais – a despeito de sua importância – não tardou a ir além da construção física do cérebro, passando a levar também em consideração o real propósito da mente, suas funções, seus processos subjacentes e o seu papel no comportamento humano.

Foi uma longa jornada desde o estudo conduzido, em 1897, por William Wundt em seu laboratório da Universidade de Leipzig, na Alemanha, sobre os efeitos de estímulos auditivos e visuais na mente humana até a psicologia comportamental e a emergência da psicologia positiva, nesta nossa era.

A ironia, claro, reside no fato de que, até agora, a psicologia tem lidado com os sedimentos da infelicidade, tentando identificar suas origens, curar suas dores, cicatrizar suas feridas e minimizar suas consequências. Não obstante, a psicologia tem feito relativamente pouco para explorar a própria natureza e as fontes da felicidade, uma felicidade que os psicólogos pareciam tomar como garantida. Com certeza o paradigma sempre foi a felicidade, porém muito poucos, se é que alguém questionou o que este estado significava, exatamente, para o restante de nós.

Uma coisa era sanar os danos resultantes da infelicidade; outra bem diferente era ajudar as pessoas a evitarem os traumas psíquicos antes que estes se manifestassem. Quando a psicologia é abordada como uma disciplina centrada na dor, a felicidade fica entregue à própria sorte.

O problema é que, numa sociedade de relacionamentos fraturados e anonimato coletivo, à deriva numa cultura consumista – que já não é capaz de debelar seus ferimentos psíquicos com coisas – não podemos mais nos dar ao luxo de ignorar o sopro de vida de nossa psique. A infelicidade tem nos cobrado um preço exorbitante, pessoal e social, neste século, com irrupções de alienação e violência, de relações arruinadas e famílias destruídas, de doenças físicas e colapsos psicológicos. Os dados são conclusivos: se a felicidade é, deveras, o âmago da nossa identidade e, conforme afirmou Aristóteles, "todo o intento e finalidade da existência humana", então urge nos dedicarmos a aprender do que se trata essa qualidade e como podemos alcançá-la.

A felicidade não é apenas uma dádiva particular e individual, mas uma responsabilidade social. Minha felicidade – ou a ausência dela – afeta as pessoas que me cercam tanto quanto afeta a mim. Quando estou deprimido, quando o meu humor sombrio escoa para dentro da realidade em que me acho imerso, eu enveneno a atmosfera para todos.

A vida não é uma simples questão de cuidar do meu conforto pessoal e experimentar sensações boas. A felicidade está vinculada àquilo que trago para cada dimensão da minha existência – minha infelicidade contribui para que haja uma família infeliz – a minha. Meu local de trabalho sofre quando minha produtividade é obscurecida pela raiva e depressão. Minha percepção das necessidades dos outros é reduzida ao pó enquanto lambo as minhas feridas e faço pouco, ou nada, para suavizar as dores alheias.

A felicidade é um imperativo social. A infelicidade é uma doença social.

"É assim que eu sou", não é uma resposta aceitável para aqueles que procuram nos ajudar a nos desvencilharmos da gangorra emocional. Não temos o direito de manipular o ambiente emocionalmente, de maneira que somente os nossos sentimentos importem. Se todo mundo ao nosso redor é obrigado a se sujeitar às nossas oscilações de humor – estados de ânimo que nos recusamos analisar – essas pessoas, apesar do quanto desejariam nos querer bem, podem acabar forçadas a se afastarem de nós, para preservar a própria saúde mental.

Solidão e isolamento estão entre os derivados dessa espécie de infelicidade que transborda para a esfera pública. Nossos filhos param de nos visitar. Nossos vizinhos desistem de nos convidar às suas casas. Nossos colegas deixam de nos chamar para as *happy hours.*

Os maus humores da adolescência, aqueles anos em que ficamos à mercê de hormônios descontrolados e em ebulição, é uma fase destinada a ser superada. É nesta etapa que devemos aprender a controlar nossas reações, a navegar pela vida ao invés de viver emburrados. Ninguém está fadado a permanecer empacado neste estágio indefinidamente.

Quando a negatividade nos domina, quando nos damos conta de que somos, cada vez mais, escravos de explosões emocionais muito além do mérito da dificuldade ou problema da ocasião, quando nos encolerizamos, longa e duramente, com coisas que o mais natural seria ignorar, é chegado o momento de voltarmos a nos indagar se, de fato, algum dia, atingimos a maturidade emocional, se alcançamos a plenitude do eu, ou se estamos só vociferando contra o mundo porque continuamos estagnados. Felicidade não é narcisismo; é uma responsabilidade moral.

A vida não implica nos convertermos em vítimas e tampouco em bodes expiatórios. A vida não é sinônimo de se dispor a aguentar um peso impossível de ser suportado ou porque os outros se recusam a carregar a parte que lhes cabe desse fardo, ou porque colocam as suas cargas emocionais nos ombros de terceiros. Por exemplo, a mãe que se recusa a permitir que o filho casado saia realmente de casa está tão paralisada quanto é paralisante. O marido que espera ser servido e assim considera natural a esposa ter dois empregos – o trabalho doméstico e a carreira – cria infelicidade onde haveria felicidade caso ambos assumissem as responsabilidades familiares igualmente. O filho que supõe ser obrigação dos pais lhe darem dinheiro extra, além da mesada, em vez de aprender a controlar o próprio orçamento se agarra à infância, o que pode muito bem destruir o resto da sua existência.

Não, a vida não exige que renunciemos à nossa própria para que outros possam ser felizes. A vida consiste em viabilizar a felicidade para todos enquanto fazemos da felicidade pessoal uma responsabilidade individual para cada um de nós.

"Estou colocando diante de você a vida e a morte", as Sagradas Escrituras nos alertam. E nos aconselham: "Escolha a vida".

O que "ser livre, leve e solto" realmente significa para nós e porque não escolhemos sê-lo são perguntas que permeiam uma vida inteira. E não podem, para o bem de todos nós, ser ignoradas.

É preciso nos lembrarmos sempre de que fomos "feitos para o êxtase".

Mas, por onde começar a tentar descobrir como buscar a nossa felicidade sem usurpar o fator felicidade da vida daqueles ao nosso redor?

A abordagem da psicologia positiva pode muito bem ser o início de uma nova resposta a tais indagações. Esta é a era em que os psicólogos positivos estão, enfim, pela primeira vez na história da psicologia, dedicando-se a buscar essas respostas para nós.

14
Os fundamentos da felicidade

Num certo enfoque, tudo está ficando mais claro agora. Porém, de uma outra perspectiva, essa qualidade denominada felicidade não está clara de jeito nenhum.

As pesquisas globais nos informam que as pessoas, de todos os lugares, não só estão buscando a felicidade, como estão mais cientes dessa procura de maneiras raramente vistas antes. É evidente que esta geração – a nossa geração – não toma a infelicidade como garantida. Pelo contrário. A infelicidade, neste estágio da história humana, não é um estado a ser aceito como normal.

Nós sabemos, como pouca gente antes de nós jamais o soube – os escravos e os párias do mundo, os servos e os camponeses, os trabalhadores braçais, os esquecidos e excluídos da sociedade – que a felicidade é parte de nosso direito inato. Também sabemos agora que – não obstante quão desalentadores sejam os nossos esforços, a despeito de quão pouco sucesso julgamos obter – o que nos impele a sair ao encalço desse santo graal é a percepção de que a capacidade de ser feliz constitui um elemento integrante da nossa própria fisiologia. Todavia, se vamos acreditar em todos os tipos de respostas colhidas pelas pesquisas sociais, a felicidade parece significar coisas diferentes para diferentes pessoas, e até para países diferentes. Portanto, será que existe, de fato, essa tal felicidade?

Talvez, se os dados compilados forem considerados apenas ao pé da letra, a felicidade não passe de uma sucessão de experiências satisfatórias, nenhuma delas essencial, todas elas meras sensações fugazes que gratificam o gosto pessoal de cada um.

E, no entanto, os neurologistas nos asseveram hoje que somos realmente feitos para a felicidade, que somos mais do que carne e ossos, mais do que colegas de trabalho e amigos, mais do que machos e fêmeas. Nós somos fábricas de felicidade. As endorfinas – o "princípio do prazer," na denominação dos neurologistas – são a substância real que carregamos em nossos corpos, apesar de as cultivarmos de forma deficiente em nossas almas.

Porém, ainda que isto seja verdade, como identificaremos a felicidade quando nos depararmos com ela? O que é, exatamente, que estamos buscando? Afinal, conhecemos a saga dos multimilionários que afundaram na depressão, ou se afogaram nas drogas, para escapar do fardo de sua riqueza.

Conhecemos celebridades que chegaram ao topo de suas áreas e depois escreveram livros narrando o terror e a tortura emocional vividos.

Conhecemos líderes políticos, de todas as eras, que alcançaram os píncaros do poder e então morreram espumando de ódio em *bunkers* subterrâneos, ou foram aniquilados, vitimados por doenças provocadas pela devassidão oriunda do poderio amealhado.

Conhecemos aquelas pessoas, do outro lado da rua, que davam a impressão de ser a família perfeita, mas cujos filhos acabaram alquebrados, mentalmente mutilados devido à obrigação e à dor de serem perfeitos – ou até normais – numa suposta família de comercial de margarina.

Em outras palavras, sabemos hoje que a felicidade é, sim, uma possibilidade efetiva, configurada em nós para que possamos aprender a viver a vida com toda a energia e a alegria que ela merece. Contudo, é igualmente evidente que a felicidade, embora possível – visto tratar-se de uma qualidade congênita – não nos é garantida.

No mínimo, mediante a observação da realidade que nos cerca, aprendemos o que a felicidade não é, mesmo que não tenhamos muita certeza do porquê. Afinal, todos esses fatores – dinheiro e poder, fama e *status* – não deveriam bastar para fazer alguém feliz?

A resposta, decerto, depende do que pensamos ser a felicidade e aonde vamos procurá-la.

Descobrir o que está faltando na obviedade é uma empreitada para a vida inteira. E alguém tem ideia do que isso quer dizer?

Em 1998, Martin Seligman, então presidente da Associação Americana de Psicologia, num pronunciamento cujo teor sacudiu o mundo da psicologia por sua objetividade, clareza e, num certo sentido, conspicuidade, desafiou seus pares a enveredarem por uma nova linha de pensamento. Como é possível que a psicologia – ele interpelou os membros da Associação – uma disciplina de mais de cem anos, tenha se concentrado, quase exclusivamente, em curar a infelicidade ao invés de preparar as pessoas para a felicidade? Como é possível que a maioria esmagadora das pesquisas psicológicas se concentre mais no degringolar da felicidade, na negatividade e nos seus efeitos nefastos do que no desenvolvimento da capacidade de ser feliz?

O desafio, à luz das mais recentes constatações neurológicas e do volume, sempre crescente, de descobertas a respeito da química do cérebro, tem criado um campo totalmente novo de pesquisas e tratamentos psicoterapêuticos, conhecido meramente como psicologia positiva.

Entretanto essa abordagem inovadora da felicidade não tem nada de simples, e muito menos é simplista. Pelo contrário, exige um olhar completamente novo sobre a vida, sobre as maneiras que estamos destinados a viver, sobre o processo de nos treinarmos a nós mesmos para enxergar a vida mais como um exercício de gratidão do que como um problema a ser resolvido.

A psicologia positiva fundamenta-se em cinco constatações apuradas nas pesquisas sobre felicidade e pessoas felizes.

Um: a felicidade seria o estado normal do ser humano. A negatividade é uma aberração da aptidão natural existente em nós para a felicidade. Porém, apesar de inata, essa habilidade precisa ser nutrida e desenvolvida.

Dois: felicidade e prazer não são sinônimos. O fato de algo proporcionar satisfação momentânea não significa que irá se transformar no alicerce da felicidade humana. Os gostos são transitórios, a excitação é transitória, o sexo é transitório, o consumo é transitório, a juventude é transitória.

Três: o índice natural de felicidade, de qualquer ser humano, pode ser elevado, mas não necessariamente alterado de forma permanente. Existe em nós uma espécie de "ponto de ajuste" da felicidade que, embora oscile de acordo com a situação, não extrapola o seu próprio padrão. Mesmo que a minha escala interna de felicidade registre 7 no dia em que compro o tão sonhado Porsche, este número irá retroceder para o meu 5 habitual em questão de dias, apesar de eu continuar sendo dona do carro. A novidade, tanto da compra quanto da minha reação, irá se desgastar e a medida do meu prazer se estabilizar no nível que me é peculiar. A menos que eu consiga estimular esse grau de contentamento, permanecerei razoavelmente estacionada no meu patamar costumeiro. A felicidade não cresce sem cuidados; ela estabiliza.

Quatro: um número crescente de pesquisas confirma a existência de processos que, se desenvolvidos conscientemente, podem nos prover do que é necessário para vivermos em meio a menos turbulências e com mais alegria. Pôr em prática, conscientemente, os "exercícios básicos de felicidade", ou repetir mantras, ou se pautar por certas perspectivas de vida, podem mover, ou manter, a bússola da felicidade apontando para o norte. As variações de humor se tornam menos violentas; a agitação das mudanças acalma-se.

Cinco: existem qualidades básicas e fundamentais da vida que não somente aumentam a nossa chance de felicidade, como nos protegem da paralisia e do entorpecimento existenciais provocados pelo sofrimento oriundo de causas externas[16].

Concluindo: a felicidade está ao nosso alcance, todavia não é de graça. Não acontece num passe de mágica. Requer uma reorientação de nossos hábitos mentais tanto para percebê-la quanto para conservá-la. E, principalmente, alcançar a felicidade demanda o compromisso de curvar o arco de nossas vidas na direção de coisas que são realmente importantes, ao invés de orbitarmos ao redor de frivolidades que só servem de ornamentos.

Os psicólogos positivos nos encorajam a nos treinar a nós mesmos para viver e pensar positivamente. Isso não implica ser desonestos – se no momento presente nossa vida tem sido uma luta, negá-lo tampouco é saudável. O melhor a fazer é encontrar uma réstia de luz na escuridão, que nos permita lembrar que a vida é uma bênção – mesmo agora – apesar dos fardos que porventura estivermos carregando.

A psicologia positiva nos apresenta dados científicos que confirmam aquilo que os filósofos têm argumentado durante séculos; confronta-nos com os ideais que os mestres espirituais de todas as tradições têm nos ensinado no decorrer do tempo;

---

16 LYUBOMIRSKY, S. *The How of Happiness*: A Scientific Approach to Getting the Life You Want. Nova York: Peguin Press, 2008 [Kindle Edition].

coloca-nos face a face conosco mesmos e nos pede – a cada um de nós – para refletir sobre o que precisa ser mudado em nós, se de fato almejamos ser tão felizes quanto alegamos desejar ser.

O poeta Matthew Arnold disse que "A vida não é ter e conseguir, mas ser e se tornar".

E é neste "ser e se tornar" que a vida é vivida.

Qualquer que seja o nosso "agora", viver é se metamorfosear em algo mais, a despeito do mero cotidiano. O problema está em determinar como ser feliz e como sustentar a felicidade ao longo da jornada.

É evidente que apenas adquirir coisas que os outros apregoam ser indispensáveis à felicidade é ilusório e limitado. Para começar, as coisas desgastam-se, saem de moda, perdem-se, fragmentam-se e desaparecem. Além do mais, as pesquisas nos informam somente o que as pessoas acreditam que as farão felizes, e não se o contentamento experimentado com a conquista do ambicionado é duradoura. Embora a ciência assevere que a capacidade para a felicidade é neurológica, embora a medicina reitere que os indivíduos felizes vivem mais, são mais saudáveis, obtêm mais sucesso e desfrutam mais da vida do que os infelizes, nem a ciência, nem a medicina, nos asseguram o que, de fato, é a felicidade. Portanto, é óbvio que essas dimensões existenciais, se consideradas isoladamente, sejam insuficientes. É-nos dito que a felicidade é possível, mas ninguém nos esclarece como alcançá-la. Ou nos explica o que é, realmente, a felicidade.

Na verdade, a questão não é complicada: à luz da psicologia positiva, o que é que tanto nos esforçamos para conseguir, e o que os psicólogos positivos nos falam sobre como podemos nos tornar pessoas felizes?

15
Felicidade: o que *não* constitui a sua essência

Um dos mais importantes *insights* acerca da busca da felicidade é a capacidade de distinguir entre felicidade e prazer. Prazer é uma coletânea de eventos transitórios – um dia inteiro num parque de diversão, o dia em que conquistei o meu primeiro emprego, o dia em que compramos a nossa primeira casa – tudo isto deflagra, em nós, uma reação em cadeia de excitação e gratificação. A felicidade, por outro lado, é uma sensação generalizada, impregnante e duradoura de bem-estar, de retidão, de um inebriante contentamento com a vida. O prazer chega em ondas de risinhos, sorrisos e encantamento, que vêm e vão ao sabor do momento. São os *crescendos* existenciais que nos lembram quão vibrante a vida pode realmente ser. Porém uma coletânea de episódios positivos – enfatiza Martin Seligman, fundador da psicologia positiva – não é o cômputo final da felicidade.

As sensações positivas, embora válidas no instante da reação, não tendem a resultar em felicidade. Viúvas enlutadas conseguem sorrir através da tristeza para um neto, conseguem apreciar o arranjo floral do caixão e se sentirem gratas por haverem confiado os detalhes do enterro a uma agência funerária.

Todavia, essa compilação de reações isoladas não constitui um substituto para os sentimentos de abandono, medo, desespero ou raiva que, de um mar subterrâneo de lágrimas, espreitam aquela alma que luta para lidar com a perda repentina do cônjuge amado.

O mergulho no álcool ou nas drogas, as viagens e as jogatinas, o dinheiro e as festas podem servir de uma distração efêmera de nossas dificuldades e nos ajudar a negar a nossa própria angústia. Entretanto, a despeito de agir como analgésicos instantâneos contra o fracasso e a humilhação, contra a rejeição e a mágoa, não têm o potencial de afastar essas nossas dores. Talvez experimentemos uma breve euforia, mas à medida que o deleite inicial esvanece e a necessidade de mais prazer se intensifica, as "curas" acabam acarretando um tipo de sofrimento proveniente da saciedade dos sentidos. Conforme acontece com tudo o mais, as "curas" vão perdendo a eficácia com o uso. Assim, a quantidade de álcool e drogas iniciais, que costumavam extasiar o indivíduo nas suas primeiras ingestões, depois de algum tempo já não surtirão o efeito desejado e a pessoa terá que consumir doses cada vez maiores da mesma substância para vivenciar sensações cada vez mais débeis, até que a mente seja por fim destruída por aquilo que a princípio a seduzira.

O fato é que somos capazes de comer apenas uma quantidade limitada de churrasco antes que a simples ideia de mais uma porção de picanha nos deixe enjoados. Somos capazes de escapar para tão longe, e com tanta frequência, só até a saudade de casa passar a nos rondar e a novidade dos hotéis se desgastar. Somos capazes de beber só até certo ponto, antes que o álcool, no início energético, nos roube o domínio de nós mesmos.

Portanto, se há algo com o qual devemos lidar na jornada para felicidade, é a profunda necessidade de identificar a diferença entre felicidade e prazer. Precisamos distinguir as reações imediatas dos efeitos permanentes. Precisamos saber reconhecer o gênero de contentamentos que preenchem a nossa alma com o sentido de plenitude da vida e aqueles que drenam, rapidamente, a nossa capacidade para a alegria, ainda que as prometam.

A verdade, segundo nos alertam os psicólogos positivos, é que mesmo os acontecimentos mais importantes e transformadores, os que elevam o nosso grau de felicidade muito acima do patamar rotineiro – como casamento, ganhar na loteria, ter um filho, obter uma promoção – não são imperecíveis, mas meros eventos isolados. E, como quaisquer eventos, o arrebatamento que provocam desbota tal qual a lembrança do ocorrido – e às vezes até mais depressa do que a própria lembrança. Não tardamos a retroceder ao nosso nível usual de satisfação. O orgulho da casa nova some diante do valor do IPTU. A diversão proporcionada pelo carro conversível cessa quando os passeios se tornam corriqueiros. A promoção conquistada logo se reduz a pouco mais do que uma trivialidade. O efeito habitual dos prazeres transitórios tampouco se resume ao tipo de personalidade do indivíduo. A rotina é inimiga de qualquer coisa física, seja lá de que natureza for.

Pesquisadores dos Estados Unidos, Grã-Bretanha e França reportam que tal como a felicidade é física, o mesmo parece ocorrer com o seu nível. Fundamentados num estudo de 20 anos sobre o grau de satisfação com a vida de centenas de alemães[17], os economistas constataram que a adaptação – essa tendência do ser humano de se ajustar a novas circunstâncias, boas ou adversas, e retornar ao patamar basilar de sua felicidade – é uma realidade. Esse "termostato da felicidade", comum a pessoas de

---

17 *Happiness "Immune to Life Events"* [Disponível em www.newsvote.bbb. vo.uk/mpapps/pagetools/print/news.bbc.uk/2/hi/health/7502443.stm – Acesso em 14/07/2008].

todos os lugares, conserva as emoções dentro tanto dos limites peculiares dos tipos básicos de personalidade quanto das características individuais. Via de regra, o nível médio de felicidade é mais elevado nos indivíduos extrovertidos do que nos introvertidos, cujas reações são, em geral, mais lentas e reflexivas.

Nós nos erguemos e submergimos, definhamos e nos recuperamos, nos desesperamos e esquecemos, em níveis habituais e numa velocidade regular. O tempo nos cura dos traumas vividos sim. As experiências podem nos sustentar sim. Porém, no fim, a viúva e o paraplégico, o ganhador da loteria e o político recém-eleito irão, eventualmente, e na maioria dos casos, voltar ao seu nível normal de felicidade, a despeito de qualquer que tenha sido o seu êxtase mais recente, a despeito de quão debilitante tenha sido a sua mais recente tragédia.

Conclusão: a felicidade não é um evento. Os acontecimentos não são uma medida da felicidade basilar. As sensações físicas não duram. Elas não são a essência da felicidade.

Mas, se for este o caso, então o milagre da felicidade instantânea não pode ser encontrado numa corrida pela vida afora, enquanto perseguimos loucamente uma sensação arrebatadora atrás da outra. Logo, na maioria das vezes, o quinto casamento não será, a longo prazo, muito diferente do primeiro. O próprio ato de casar-se, com todo o seu romantismo e deslumbramento, com toda a sua renovada torrente de adrenalina e esperança, não será mais duradouro na última união do que na primeira. Não, o fluxo de adrenalina não constitui a felicidade. A felicidade diz respeito à estruturação de atitudes essenciais em relação à vida, a atingir o apogeu do desenvolvimento humano. Felicidade é viver uma vida com significado. A felicidade é tudo o que Aristóteles afirmou milhares de anos atrás: uma vida com sentido e propósito. O nosso sentido, o nosso propósito.

Pois é exatamente isto – sentido e propósito – o que precisa ser analisado. São as respostas a esses questionamentos que conferem significado à minha existência; e o que a minha existência significa para os outros é o âmago da matéria da vida. Somos nós mesmos e o que trazemos a cada situação enfrentada, o que está em debate na questão da felicidade. A natureza do que buscamos é que irá determinar se obtê-lo fará ou não diferença no grau de nossa satisfação existencial.

E é aqui que a psicologia positiva passa a divergir daquilo que a sociedade identifica como felicidade: acumulação de bens, títulos, poder, dinheiro, fama, excitação.

A psicologia positiva nos leva a nos perguntarmos o que realmente desejamos da vida, nos incita a pensar em como podemos alcançá-lo e o que pretendemos fazer com o que alcançamos. Desta perspectiva, o importante não é simplesmente querer ser feliz. O importante é o que acreditamos ser a felicidade; é nos indagarmos o que significa descrever uma vida como "boa".

Neste ponto, a psicologia positiva requer de nós uma avaliação. Se nem as peculiaridades da vida – os seus altos, ou os seus baixos – conseguem nos elevar, de fato, ao patamar de uma felicidade perdurável, o que há de consegui-lo?

Neste momento, começamos a definir para nós mesmos o que percebemos como o propósito da vida em geral e o da nossa vida em particular. Começamos a compreender como a nossa maneira de viver a vida está relacionada tanto com a nossa capacidade para a felicidade quanto com o efeito que provocamos sobre a felicidade alheia.

Começamos a compreender que não é apenas ter filhos o que conta; é criá-los para que se tornem um presente de amor e bondade para o mundo o que, no fim, converte a paternidade e a maternidade no ápice da vida de uma pessoa. Não é só ter um emprego que nos garanta a sensação de felicidade; é ter um emprego que nos possibilite olhar para trás e saber que o que realizamos, ou o modo como o realizamos, transformou o mundo num lugar melhor. Não basta ser talentoso, ou rico, ou poderoso para ser feliz; é o que fizemos, com o que nos foi concedido, para enriquecer a vida de todos aqueles que cruzaram o nosso caminho o que nos permite suspirar de satisfação enquanto desempenhamos o que quer que nos cabe, a despeito de quão duro possa ser o percurso, a despeito de quão íngreme possa ser a escalada, a despeito de quão improváveis sejam as nossas chances. A felicidade tem mais a ver com sentir-se contente com o que oferecemos e menos com o que possuímos.

O poeta Horácio, no século I, escreveu: "Você percorre o mundo em busca da felicidade, que está ao alcance de cada um de nós. Uma mente contente a confere a todos".

Porém, se a experiência momentânea de grandes acontecimentos, grandes realizações, grandes riquezas, grande poder não nos garantem uma felicidade duradoura, o que garantirá? E como alcançá-la? A psicologia positiva, embora esteja apenas começando a responder a tais indagações, já tem algumas ideias claras do que são, exatamente, as respostas.

16
Felicidade: a maneira de expandi-la

Em sua procura de um denominador comum para a felicidade – o estado mental que, a exemplo de um alquimista medieval transforma o entulho da vida em ouro – os psicólogos positivos têm identificado traços de personalidade básicos que contribuem para uma existência gratificante e plena.

O importante a lembrar é que apesar de tais características constituírem predisposições inatas que suscitam em nós um determinado tipo de reações, elas não configuram uma sentença de morte psicológica, não nos condenam a uma rigidez social, ou a um repertório inflexível de respostas emocionais. Só porque, certa vez, conseguimos o que queríamos do nosso jeito, encenando um rompante irracional de tirar o fôlego, isto não significa que estamos destinados a nos comportarmos como crianças destemperadas pelo resto de nossos dias.

Traços de personalidade não são nada mais do que tendências particulares ou respostas imediatas ao mundo que nos cerca; são indícios do que induz as nossas reações sociais costumeiras; são o posicionamento habitual da nossa química social. Traços de personalidade não são uma espécie de concreto psicológico. Podemos alterá-los a qualquer hora, se assim desejarmos.

Guardo uma lembrança vívida de, ainda adolescente, ficar bastante irritada com uma amiga cuja ideia de diversão era fazer cócegas em alguém até o ponto de provocar dor. Quando, ignorando minhas súplicas, ela não parou, agarrei-a pelo braço, no vestiário da piscina e, auxiliada pela combinação de força e piso escorregadio, a empurrei contra a parede. Recordo-me de ouvir o barulho da sua cabeça batendo no ladrilho e de ver o seu corpo desmoronar na frente do banco. Naquele exato instante tomei uma decisão: jurei a mim mesma jamais voltar a agir dessa forma se a minha colega não ficasse ferida. E cumpri a promessa. A decisão pontual se estendeu para sempre.

Todos nós desenvolvemos um repertório de reações que parecem funcionar quando estamos sob *stress*. Se me ponho a chorar a cada vez que a luz do mundo se apaga, é provável que descubra, aos 3 anos de idade, que o mundo virá correndo em meu socorro e mudará a realidade para mim. Assim, me consolo com um copo de chocolate quente, ao invés de leite puro, me distraio com um bichinho de pelúcia, ao invés de tirar uma soneca, fico na companhia da mamãe e não aos cuidados da babá. Porém, se ainda estou tendo chiliques aos 13 ou 30 anos, posso muito bem descobrir que ninguém mais se importa com os meus acessos de raiva. E nada se altera. De fato, fermentando dentro de mim, a frustração, depressão e a sensação de rejeição apenas tornam o meu mundo pior.

Então preciso parar de bater o pé. Então preciso desenvolver outras formas de lidar com o mundo implacável e insatisfatório no qual eu vivo, onde as pessoas não mais me dão ouvidos. Então percebo que não só é possível mudar, mas que a mudança é uma parte fundamental de um processo denominado "crescer", ou "autocrítica".

A questão é que não estamos destinados a repetir os procedimentos que aprimoramos ao longo da jornada com o intuito de nos sentirmos aptos a administrar nossa vida. Na verdade, nós podemos – e é o que fazemos – ajustar esses comportamentos no decurso da caminhada. O bater de pés se transforma em bico, se transforma em discussão, se transforma em conversa, se transforma em negociação, se transforma em sorriso, ou em riso, ou em conciliação. Porque, se tal metamorfose não acontece, o resultado é uma sucessão de perdas de emprego, divórcio, alienação, ou uma vida inteira de terapia que não é capaz de me modificar a menos que eu esteja desejosa, à procura e pronta para mudar a mim mesma.

Todos nós conhecemos pessoas que venceram a timidez, conhecemos os de pavio curto que passaram a controlar suas explosões coléricas, conhecemos os insensíveis que aprenderam a reprimir o criticismo, a frear o sarcasmo, a conter suas torrentes de lágrimas. Nós nos lembramos como foi tomar as rédeas da nossa própria tendência para os excessos emocionais à medida que amadurecíamos.

Nós sabemos que as nossas primeiras reações a qualquer coisa são somente isso: primeiras sim; porém não inevitáveis, ou compulsivas. Quanto mais elevado o índice de nossa inteligência emocional, maior a nossa intuição sobre as necessidades do momento e maior a probabilidade de moderarmos aquelas reações que poderiam agravar circunstâncias já difíceis, ou carregar de tensão situações agradáveis.

Há, portanto, um elo entre genética – os genes que herdamos biologicamente de nossos antepassados – e a nossa própria habilidade de desenvolver, dentro de nós mesmos, um estado de bem-estar saudável o bastante para nos proteger e impedir que nos convertamos em verdadeiros empecilhos para a nossa felicidade. Os nossos genes não são uma camisa de força. Eles nos abastecem com o material rudimentar da vida. Não obstante, também podemos ser alertados sobre o que nos falta geneticamente a fim de cultivarmos em nós as dimensões existenciais de que carecemos, caso almejamos ver as nossas chances de felicidade aumentarem com o passar do tempo.

A felicidade é algo mais do que o que conquistamos na vida. Deve-se tanto ao que fomentamos dentro de nós quanto aos benefícios físicos e sociais que fazemos florescer no decorrer dos anos. Este é o porquê de a acumulação de coisas pouco ou nada contribuir para a felicidade. As pesquisas revelaram, por exemplo, que irrisórios pontos decimais separam motoristas de táxi e milionários nas escalas de felicidade.

A felicidade é aquela outra parte de nós, aquela parte mais profunda de nós, aquela autoavaliação que nos direciona para além do mundano e nos conduz ao *status* de anjos. Na felicidade vislumbramos um lampejo do que significa ser mais do que matéria – e também ser o espírito que nos faz plenamente humanos.

Entretanto a felicidade não é um assunto recente e tampouco uma discussão pertencente à nossa época. Na realidade, é o debate mais antigo a rondar a raça humana pensante. Os filósofos gregos engalfinharam-se com essa questão repetidas vezes. E chegaram à mesma conclusão que a mais breve e superficial análise de nossas vidas, a história de nossas famílias, as verdades espirituais das eras, e as nossas próprias e dolorosas experiências provaram ser fidedigna. Risadas altas, silêncios abissais, grandes fortunas ou honrarias públicas não são, infalivelmente, sinônimos de ser "feliz". Nós reconhecemos essa verdade nos níveis mais abjetos de nossa existência, nós sorrimos enquanto enfrentamos as muitas mortes e a encontramos no amor dos outros quando estivemos sofrendo, sobretudo fisicamente.

O fato é que existe uma diferença entre desejo de prazer e desejo de evitar a dor, entre o hedonismo e o empenho de encontrar a felicidade e um sentido para a vida. O que os gregos chamavam de eudaimonismo – etimologicamente *eu* (bom) e *daimōn* (espírito) – extrapola a procura do prazer. É o estado de "florescimento humano" que vai muito além da propensão de esquivar-se da dor. Eudaimonismo é a soma total do que significa viver "a vida boa".

Eudaimonismo, o estado de ser feliz, de viver "a vida boa" – argumentou Aristóteles – independe de riqueza, beleza, condições físicas e estágio da vida. "O evangelho do sucesso" – a noção de que a acumulação de quinquilharias é uma garantia das bênçãos de Deus, um sinal de virtude – tem levado muitos diretores de finança à ruína, destruído casamentos demais, iludido jovens talentosos além da conta, impelindo-os a correr atrás de dinheiro fácil em vez de investir num crescimento lento, mas seguro. O "evangelho do sucesso" converteu Wall Street numa versão de Las Vegas para os colarinhos-brancos e extinguiu as pensões de toda uma parcela da população – os idosos, os aposentados, os esgotados pelo trabalho. No entanto, estes ergueram a cabeça, conforme haviam feito ao longo de toda a sua vida boa, e recusaram-se a se deixar aniquilar pela perda das superficialidades existenciais.

É óbvio que a felicidade pode englobar os supérfluos, embora não necessariamente. O mais importante, para ser de fato feliz, é viver uma vida com um propósito claro e regida pela virtude – o que se traduz no desenvolvimento de nossa preeminente fortaleza humana, racionalidade e os nossos mais elevados valores morais. É isto, dizem os gregos, que concede à nossa existência um significado profundo e gratificação eterna.

O hedonista, ou quem procura o prazer, busca conforto. O eudaimonista, ou o discípulo de uma vida boa, vive para a felicidade, para um estado de alma que transcende o sensual e busca transformação. Esses são aqueles devotados a viver uma vida plena em todas as esferas – moral, ética, espiritual e física. Esses são aqueles que atravessam a dor e a perda, a tragédia emocional e a privação física sabendo que a vida é o que acontece em nós, não a nós.

O hedonismo trata-se de satisfazer o corpo. A felicidade trata-se de contentamento e florescimento de uma alma que sabe o que significa estar verdadeiramente vivo. Assim, diante do questionamento, "Por que estou aqui?", a resposta do eudai-monista vai muito além do comer e beber, do dormir e possuir todos os bens materiais do mundo. A resposta que o eudaimo-nista encontra para a vida transcende a obsessão de um isolado Narciso, enclausurado na própria beleza.

As diferenças entre hedonismo e felicidade são mais do que retóricas. E são essas distinções que revelam o porquê de uma superfluidade de confortos mundanos – apesar de satisfatórios – não configurarem, fatalmente, no sinônimo de felicidade. Aliás, os pesquisadores insistem que quanto mais alguém identifica a felici-dade com dinheiro, menos feliz esse alguém provavelmente é.

Essas são pessoas para quem o bastante nunca basta. São pessoas corroídas interiormente pelo ímpeto de ter mais e mais bens que, embora indiquem sucesso, não o garantem, como se a acumulação fosse um sinal infalível de realização pessoal. Logo, o que chamamos "sucesso", o nosso ou o alheio, pode não ser nada mais do que uma camuflagem de nosso próprio fracasso em atingir a plenitude humana.

Porém a linha que separa o hedonismo do eudaimonis-mo é, no mínimo, evidente. O hedonismo, sem dúvida, pode estar ao alcance de todos os que anseiam os luxos da vida, os seus adornos materiais e ostentações. A questão é se aqueles que conseguem, por fim, amealhar a parcela ambicionada de confortos físicos se sentirão, ou não, realmente felizes. "Uma grande fortuna é uma grande servidão", disse o filósofo romano Sêneca, num rasgo de clareza. Uma coisa é adquirirmos nossos objetos de desejo; outra bem diferente é nos agarrarmos a eles pelo resto de nossas vidas.

Apenas a pessoa verdadeiramente feliz, a pessoa cujo crescimento da alma é pelo menos tão grande quanto o crescimento da sua conta bancária, é capaz de suportar os avanços e os reveses que a vida acarreta. O ciclo de doenças e mortes, de ganhos e perdas, de desafios e fardos, de realizações e desapontamentos – com o qual cada um de nós depara – se abastece no manancial de felicidade dentro de nós, sempre ameaçando exauri-lo, e, entretanto, se o queremos, sempre contribuindo para o seu fortalecimento e a sua razão de ser.

Segundo as pesquisas, a maioria das pessoas é basicamente feliz. Todavia, a maioria delas enfrenta uma provação depois da outra, o encadeamento de dificuldades interrompido apenas pelas grandes alegrias existenciais que, por sua vez, também acabam, eventualmente, se transformando em cargas: o casamento que não deu certo, o bebê que sofre de uma doença crônica, os empregos que não duram, os sonhos nunca realizados. Como, então, pode aquela fonte natural de alegria interior ser explicada, compreendida e nutrida em face à instável geografia emocional da vida? E, principalmente, como é que essa fonte pode ser gerada em nós?

Uma avalanche de pesquisas científicas e sociocientíficas sobre a felicidade nesta nossa era invade todos os campos do esforço humano. Pesquisa após pesquisa amplia ou obscurece os projetos de pesquisas anteriores. O vocabulário muda de uma pesquisa para outra. O contexto das pesquisas muda de uma esfera para outra. As disciplinas envolvidas abrangem todas as dimensões do interesse humano percorrendo todo o espectro de atividades humanas. Ainda assim, no concernente ao fundamental, a maior parte dos pesquisadores chega a uma espécie de denominador comum de conclusões.

A felicidade, a verdadeira felicidade – os dados de cada uma das disciplinas apontam – é alcançável. A felicidade não está confinada a um único estado de vida, ou a uma única raça, ou a um único sexo, ou a uma única classe. Esta é a boa notícia. O restante da notícia é que cada um de nós precisa cultivar dentro de si tudo aquilo capaz de nos proteger do sofrimento extremado, se pretendemos sobreviver às nossas próprias vidas pequenas e suas lutas habituais. A felicidade não é destituída de um ônus, não vem de graça. Porém tampouco acontece sem que haja uma grande recompensa, uma alegria duradoura e a promessa de luz para a alma, por mais densa que seja a escuridão ao nosso redor.

Mas então quais são os componentes da felicidade? E o que é que devemos começar a treinar em nós mesmos a fim de alcançá-la?

17
Os atributos da felicidade

A genética, dizem-nos os cientistas, é responsável por aproximadamente 50% do quociente médio de felicidade. Isto significa, é evidente, que algumas pessoas simplesmente herdam traços de personalidade mais propensos ao desabrochar de uma existência feliz.

Segundo os estudiosos do assunto, as circunstâncias, a conjunção de elementos num determinado momento – o clima emocional em casa, o apoio social dos que nos cercam, as obrigatoriedades cotidianas – são responsáveis por apenas 10% do que denominamos felicidade.

Quanto ao restante do que é preciso para encontrar alegria na vida – os outros 40% do que é indispensável para construir o fator felicidade – devemos desenvolver por nós mesmos[18].

Felizmente, graças ao aumento do interesse científico sobre a natureza da felicidade, a nossa geração, mais do que qualquer outra que nos antecedeu, possui um entendimento muito maior a respeito desse tópico. Na realidade, a felicidade é quase uma recém-chegada à cena. Apenas no fim do século XVIII, a ideia

---
18 LYUBOMIRSKY, S. *The How of Happiness...* Op. cit.

de felicidade como um "direito" entrou nas esferas do pensamento público.

Ensinam-nos os historiadores ser bastante provável que Thomas Jefferson tenha tirado algumas de suas ideias para a Declaração da Independência Americana da obra de John Locke, filósofo inglês do século XVII, e de Adam Smith, filósofo escocês do século XVIII. Onde falava-se sobre o direito "à vida, liberdade e propriedade", Jefferson substituiu parte da asserção pela noção de "felicidade". Os seres humanos, escreveu ele, têm direito "à vida, liberdade e à busca da felicidade" – substitua "propriedade" por desenvolvimento pessoal, ou por segurança financeira resultante da fruição de bens. Jefferson martelou essas palavras sobre prosperidade econômica numa época em que a posse de terras fazia dos ricos também donos de pessoas, de *status* e, sem dúvida, de posições políticas decorrentes de sua classe. Entretanto, para Jefferson, era óbvio que a felicidade transcendia tudo isso. E ainda mais, ele intuía que a felicidade estava relacionada ao que significa ser humano. Propriedade, não.

Todavia tal conceito permaneceu largamente ignorado até a nossa era, quando as descobertas científicas sobre a geografia da felicidade no cérebro humano desencadearam um novo e genuíno interesse acadêmico sobre a felicidade ser realmente alcançável e, talvez, universal.

A despeito de vasculharem a literatura psicológica, os pesquisadores pouco acharam para sustentar o conceito de "felicidade" como uma atitude passível de ser considerada uma característica humana suscetível ao florescimento. Mas as descobertas acerca da maleabilidade do cérebro, do próprio crescimento e desenvolvimento desse órgão, do local das emoções que podia ser ajustado, alterado e manipulado através de uma sonda cirúrgica, conduziram os cientistas numa outra direção.

Ao adentrarem no campo da história, os pesquisadores depararam com uma trilha de interesse na felicidade que remontava à China e chegava ao grupo dos principais filósofos do mundo ocidental. Pelo visto a felicidade era uma preocupação importante da humanidade. Porém a obsessão com esse assunto não veio acompanhada de nenhum diagrama de suas origens, ou finalidades.

Por fim, os cientistas sociais começaram a perguntar às pessoas o que percebiam como felicidade e o que as fazia felizes. A partir daí, foram capazes de elaborar pesquisas que perscrutavam os tipos de atitudes, atividades e objetivos que proporcionavam ao ser humano uma sensação de realização e plenitude.

Por meio das respostas obtidas nos levantamentos por seguimento – idade, sexo, raça e nação – os pesquisadores esboçaram a imagem da pessoa feliz.

A linguagem muda de país para país, mas, surpreendentemente, o âmago das respostas não. E o que nos é revelado é que se não nos consideramos felizes, então há alguma coisa faltando. Alguma coisa que precisa ser cultivada. Existe algum aspecto da nossa existência que requer mais atenção, caso almejemos uma vida plena.

Uma dessas pesquisas, denominada *Questionário Oxford sobre a felicidade*, identifica os seis principais atributos que indicam uma pessoa feliz. A pessoa feliz, no linguajar do *Questionário Oxford*, possui um elevado grau de interação social, ama a paternidade/maternidade, desfruta de uma situação conjugal estável e satisfatória, está envolvida com alguma prática religiosa ou cultiva um senso moral, tem renda suficiente para atender às suas necessidades e passa a maior parte do tempo na companhia de pessoas felizes[19].

---

19 Oxford Happiness Project [Disponível em www.meaningandhappiness. com/Oxford-happiness-questions/Naire/214].

A respeito do que acontece com aqueles que não se encaixam nesse perfil – os que não são casados, ou que não têm filhos por qualquer que seja a razão – os pesquisadores não se pronunciam. O fato de muita gente não ser casada – há viúvos, divorciados e os solteiros por opção – suscita indagações ainda mais significativas sobre a felicidade. Com certeza o pressuposto é que devemos perguntar a todos eles não só qual é a sua ideia de felicidade, mas também se são felizes. É possível que esses discrepantes do "padrão comum" possam ter muito a ensinar a todos nós sobre a dimensão interna do desenvolvimento humano e sua relação com a felicidade. O *Questionário Oxford sobre a felicidade* desafia a conclusão de Aristóteles, de que a felicidade verdadeira jaz no sentido e propósito da nossa existência, e não nos estilos de vida adotados, ou escolhas sociais. E, ainda mais, de forma deliberada ou não, questiona se o indivíduo pode ser realmente feliz sozinho, fechado dentro de si mesmo, independente de outros esteios sociais.

Entretanto, se cada um de nós não é capaz de encontrar a felicidade dentro de si mesmo, o que então nos impele para casamento e filhos senão a dependência, ou a premência de procriar? E quanto àqueles que não sentem necessidade de se casarem, ou de terem filhos? Ou que são impossibilitados de um e de outro? Ou que não desejam nem um, nem outro? São extraordinárias as implicações dessas ideias numa cultura em que os papéis estão mudando rapidamente, em que a tecnologia possibilita gerar filhos fora do casamento e o tamanho das famílias ao redor do globo não cessa de encolher.

É fácil se deixar consumir por números e estatísticas. Fascinante, até.

Porém, no final das contas, todas as diversas medições e descobertas provam-se inúteis, a menos que nos perguntemos o que esse material está realmente nos dizendo. E há uma miríade de mensagens. Os dados nos respondem à indagação de como é possível o pobre ser tão feliz quanto o rico; nos advertem que não são apenas os caprichos da vida que nos vergam. Aliás, com demasiada frequência, somos nós mesmos que nos abatemos.

Entretanto as mensagens subjacentes, infiltradas nos resultados de pesquisas como o *Questionário Oxford sobre a felicidade*, nos apontam um caminho através do labirinto de nossas emoções emaranhadas. Indicam-nos o que nos será necessário para nos recuperarmos da morte de um ente querido, para superarmos a perda de um emprego, para suportarmos uma doença, para nos reconciliarmos com os sonhos despedaçados. Essas mensagens especificam quais são as áreas em nós mesmos às quais devemos dar mais atenção e desenvolver a fim de caminharmos pela vida com algo mais além de uma conta bancária e também nos dizem o que é preciso para sobreviver a um talão de cheque zerado.

Essas mensagens focam no que realmente importa na vida e nos levam a encarar aquilo que não temos sido capazes de fazer florescer: os laços sociais que nos conectam ao resto do universo; a noção de generatividade, de realizar alguma coisa para criar um futuro mais promissor; os relacionamentos que apelam para os nossos melhores instintos, a segurança financeira que proporciona sossego à mente e possibilita o cultivo das artes; a vida espiritual que nos arrasta para os patamares mais elevados do nosso próprio eu, da nossa racionalidade e moralidade; e o grupo de amigos que, sendo eles mesmos uma perspectiva positiva, contribuem para intensificar a nossa alegria de viver.

Girar apenas em torno da nossa segurança financeira, fama, poder, ego e de nós mesmos, não é – segundo o *Questionário Oxford sobre a felicidade* – um bom presságio para o nosso quociente de felicidade na vida.

Saber como os outros definem felicidade nos induz a formular questionamentos importantes a respeito da nossa própria:

- Conseguimos criar um verdadeiro círculo de amigos na companhia de quem passamos um tempo de qualidade? São esses os momentos que nos permitem reinventar a nós mesmos e livram nossa alma do bolor decorrente da rotina interminável.

- Estamos próximos de nossos filhos, de suas atividades e sentimentos? A propósito, estamos próximos dos filhos dos outros – sobrinhos, vizinhos, crianças carentes oriundas de lares violentos, enraivecidas porque provenientes de famílias destroçadas pelas drogas? Se não temos filhos, então duas coisas acontecem: mais do que a maioria das pessoas, temos mais a dar às crianças em geral e estas, por sua vez, têm mais a nos oferecer do que à maioria dos adultos. Não apenas podemos absorver tudo o que nos é oferecido, como somos aqueles que necessitam do que nos é ofertado agora, quando sozinhos, quando já velhos, quando, com as noites livres e munidos de tempo e dinheiro, é-nos facultado fazer por essas crianças o que ninguém mais se disponibiliza a fazer.

Entretanto, o ponto central não se restringe às crianças, e sim ao próprio ato de se preocupar em deixar o mundo um lugar melhor no futuro do que é no presente. A arte que criamos, os equipamentos que inventamos, as instituições que fundamos, as ideias que promovemos, as populações que ajudamos são todos benesses para o futuro que, por si só, nos lançam aos limiares da nossa realização pessoal e nos enchem de contentamento por estarmos vivos.

Será que ainda estamos nos dedicando àquele relacionamento que nos infunde ânimo, ou chegamos ao estágio de simplesmente tomá-lo como garantido, ou ignorá-lo por completo? Viver sem um amigo espiritual é viver sem um confidente, sem alguém que nos conheça de verdade, alguém que possa nos dizer quando parar de beber, de chorar, de esperar, de desistir da vida antes que esta chegue ao fim.

Será que estamos exercendo alguma função capaz de trazer à tona os nossos melhores dons, capaz de extrair de nós o nosso mais profundo comprometimento e nos infundir um tipo especial de excitação? A questão do aprendizado eterno é importante no que concerne à felicidade. Se não continuamos a suscitar ideias estimulantes e evocativas em nós, inviabilizamos a ocorrência de qualquer acontecimento novo. Não é de se estranhar que estejamos entediados demais para sermos felizes.

Será que estamos lidando com as nossas finanças de tal forma que não experimentamos ansiedade em relação às nossas necessidades presentes e tampouco demonstramos uma negligência incauta quanto ao futuro? Aqui também o argumento levantado vai muito além do dinheiro. É sobre estarmos atravessando a vida como se dançássemos, ou avançando lenta e penosamente. Colocada de outra maneira: temos comprado alguma coisa nova para nós ultimamente? Ou, pensando bem, temos comprado qualquer coisa nova, um presente, um agrado, para alguma outra pessoa na nossa vida sem que nos aflijamos com a nossa subsistência, de modo que o outro também possa experimentar o sabor de viver esperando surpresas? Quando gastamos mais do que possuímos, protelamos a ansiedade até o dia seguinte. Quando nos recusamos a gastar qualquer coisa além do estritamente necessário à sobrevivência, nós nos recusamos, terminantemente, a viver.

Estamos conectados com a dimensão espiritual da vida, com a busca de um sentido mais profundo e com uma visão mais cósmica da nossa existência?

Este questionamento sonda se estamos, ou não, conseguindo enxergar além do que está na nossa frente, o seu significado e a dádiva que isto constitui para nós. É um convite para nos rejubilarmos com um universo que não compreendemos, exatamente porque não o compreendemos, e assim modificar o curso da vida que há por trás daquela que conhecemos. Logo nos descobriremos caminhando entre as estrelas e percebendo uma luz no futuro.

Ignorar qualquer uma dessas dimensões da nossa existência é viver uma vida muito aquém da sua plenitude. Na nossa alma abre-se um buraco e nos vemos à deriva, inseguros e sós.

* * *

Todavia, tão importantes quanto os traços de personalidade é o *insight* que deve brotar, num nível pessoal, desse material: cada um de nós é um trabalho em processo. Cada um de nós é o seu próprio "projeto felicidade". Se não estamos felizes, é hora de nos perguntarmos o que é que está faltando em nós, o que é que ainda não desenvolvemos em nós, e então começarmos a agir. É óbvio que em cada etapa da vida, e em momentos variados, serão enfatizados um ou outro dos principais atributos identificados pelo *Questionário Oxford*, mas o ponto central é que nenhuma vida é realmente completa sem que lidemos com cada um dos atributos listados.

O problema com as pesquisas é que elas nos revelam em que patamar nos encontramos em comparação com o restante da humanidade. Porém nada nos falam sobre o que será necessário para que nos tornemos a melhor versão de nós mesmos.

As pesquisas nos dizem que a felicidade não é uma miragem. A felicidade não é um mosaico de tentações anunciadas. A felicidade é um exercício de fazer vir à tona o que há de melhor em nós em face aos desafios. É uma questão de crescimento interior em meio a circunstâncias externas, e não de circunstâncias externas somente.

Passei muito tempo num hospital especializado no tratamento de pólio, em meio a homens, mulheres e crianças que mal podiam respirar sozinhos, andar, vestir-se, segurar seus filhos no colo, ou retomar os seus empregos. Entretanto, a cada dia, eles se reuniam no corredor para uma corrida de cadeiras de roda, para esgotarem suas energias, para reafirmarem sua independência e recuperarem a capacidade de traçar o rumo da própria vida. Aquilo era uma lição de felicidade para mim.

O que será que aquelas pessoas possuíam que as habilitavam a continuar crescendo? Um acervo de dados está se amontoando ao nosso redor, exigindo serem compreendidos. Para o bem de todos nós.

Felicidade: juntando as partes

18
Positividade

A felicidade, a despeito de quão bem equipado neurologicamente o ser humano possa estar para desfrutá-la, não é uma única estrutura celular no cérebro; não vem encapsulada para que dela nos beneficiemos quando assim nos aprouver, a exemplo da insulina, ou da medula óssea. Pelo contrário, a felicidade nos chega em estado bruto e destina-se a ser moldada, cultivada. No final das contas, revela-se algo que construímos para nós mesmos, numa reação após a outra, num momento após o outro.

A felicidade compõe-se de um agrupamento de atitudes. É como um vitral único e individual para a percepção da vida, cada cor, cada forma laboriosamente escolhida até que tudo, reunido, se converta na nossa maneira característica de enxergar o mundo.

Está claro que a felicidade não impregna nossa psique e alma como um produto acabado. Longe disso. Uma sucessão de pesquisas, nós o sabemos agora, comprova que o que denominamos felicidade muda de uma faixa etária para outra. E o mais surpreendente de tudo: não pertence à esfera da juventude.

De tudo o que poderíamos esperar da juventude – excitação, liberação desenfreada, excessos emocionais, a sensação de imprudente e total abandono em relação à vida numa idade em que tudo nos parece possível e desejável – a felicidade não configura um dos fatores primordiais dessa fase. O fato – caso as pesquisas sociais e os estudos psicológicos estejam próximos da verdade – é que quanto mais velhos ficamos, mais felizes vamos nos tornando. Pelo visto, a felicidade cresce em nós. O prazer nos toma de surpresa. A excitação nos invade. Porém a felicidade, o supremo contentamento com a vida, é um bem aprendido, sendo a positividade a sua âncora.

Num primeiro instante, afirmar que o núcleo da felicidade – comum a todos os principais estudos psicológicos sobre o assunto – é a positividade, talvez soe redundante. Aliás, talvez soe como se disséssemos que "felicidade requer felicidade". Entretanto a positividade – a capacidade de presumir o potencial benefício de qualquer situação – não é uma garantia de que haveremos de gostar do que porventura ocorrer. A positividade apenas abre o nosso coração para a possibilidade de que aquilo que não reconhecemos agora como um prelúdio do que há de vir, acabe se provando uma benesse para nós. Desta forma o que não buscamos, ou o que, necessariamente, não queremos, pode muito bem nos impelir a crescer, a ir além do estágio em que nos achamos. É até provável que justamente o que não antecipávamos acabe nos saciando com aquelas dimensões da vida até então despercebidas por nós, às quais nunca déramos a menor importância e que os anos se encarregaram de nos mostrar o quanto são valiosas.

Meu pai morreu quando eu tinha três anos. Não é um episódio que fosse considerado positivo por quem quer que seja naquela ocasião – ou em outra ocasião qualquer. Todavia, de uma coisa estou certa: se tal não houvesse acontecido, eu não estaria sentada onde estou agora, escrevendo estas palavras. E esta é a melhor parte da minha vida.

Minha mãe, jovem e viúva, poderia ter seguido adiante se lamentando e lamuriando, e me ensinado a fazer o mesmo. No entanto, atravessou a dor rumo a uma vida diferente – e me levou consigo. Ela soube sorrir e nunca olhar para trás, negando-se a converter o passado num santuário, apesar do que lhe acontecera num caminho de modo algum planejado.

A positividade nos fala, bem lá no fundo de nós mesmos, que há algo bom em tudo, portanto, por que não pode ser assim conosco? O que jamais esperávamos que iria nos acontecer, o que sequer imagináramos que iríamos gostar, nos conduz a um nível existencial inteiramente novo.

Avaliada isoladamente, é fácil descartar alguma coisa como sendo inteiramente boa ou ruim. Porém, analisado dentro de um contexto, tudo possui uma dimensão que extrapola os seus limites e, por conseguinte, nada pode ser simplesmente bom, ou ruim. O tempo deixa claro que o elixir para que isso suceda não jaz no acontecimento em si, mas em nós. O segredo reside na nossa capacidade de olhar para todas as coisas da vida como possíveis benesses ao invés de prováveis ameaças.

Positividade não é sinônimo de ingenuidade. Não há nada de rudimentar, de precipitado, ou destituído de discernimento ou critério na positividade. Pelo contrário. Não é que a positividade tome decisões enganosas a respeito do desconhecido; ela apenas se recusa a tecer quaisquer julgamentos – a favor ou contra o que quer que seja – antes de ter experiência suficiente para justificar um determinado posicionamento. A positividade se recusa a ceder a um tipo de medo infundado que resiste, ou rechaça o desconhecido somente por ser desconhecido.

Positividade é aquela criança que habita em nós e pula numa piscina que não lhe é familiar porque se sente confiante o bastante para saber que mesmo se não conseguir nadar de uma margem à outra, estará a salvo agarrando-se à borda. Positividade é disposição, não insensatez.

Às vezes é mais fácil entender os efeitos da positividade observando o seu inverso – a negatividade. Negatividade é aquela atitude mental que pinta de cinza, ou de manchas escuras, tudo o que é desconhecido. A negatividade contempla a vida com um olhar ressentido, desconfiado, receoso. Talvez não haja nada de errado com isso, mas tampouco é uma postura sadia.

A vida, a negatividade nos ensina, é para ser questionada, mantida a distância, nunca completamente abraçada. Isto é ceticismo, um sentimento que gruda na alma como cola. Não existe, numa determinada situação, coisa alguma que eu saiba ser perigosa – porém presumo que talvez exista. Não há nada de errado com a tal situação, todavia a atual conjuntura pode se voltar contra mim a qualquer instante e me ferir. Isto é cautela levada ao extremo da exaustão.

E assim sigo pela vida, desperdiçando tempo e energia com preocupações e ansiedade, em vez de acolher os meus dias, e quanto mais esperá-los cheia de expectativa.

A negatividade nos enraíza na defensiva a troco de nada; escolhe a segurança em detrimento da possibilidade e desencoraja quaisquer tentativas de tornar as coisas melhores do que são.

A pessoa feliz, embora dividida entre a sensação de falsa segurança procedente da negatividade e o encanto diante das possibilidades da positividade, se arrisca. Já que a maioria das circunstâncias têm sido positivas, por que esta não pode ser também? – a pessoa feliz se pergunta, dispondo-se a experimentar a novidade.

A positividade nos ilumina na escuridão; transforma o amanhã numa aventura, ao invés de num desastre; confere elasticidade à vida, ampliando-a até o ponto de nos deixar inundados dela, experimentando-a com admiração.

A positividade nos induz à felicidade; nos abre às surpresas; nos concede uma vantagem inicial em relação ao futuro e nos converte em consumidores da alegria.

Não, a positividade não é o princípio e o fim da felicidade. De fato, é a positividade que possibilita todas as outras dimensões da felicidade; é o solo do qual a felicidade pode, enfim, brotar.

19
Extroversão

Uma coisa é cultivar um senso básico de positividade na vida; outra bem distinta é rumar na direção do que a positividade tem a oferecer. A positividade reside no novo e no incógnito; exige de nós aquela espécie de coragem que nos incita a ir ao encontro de um estranho que cruza o nosso caminho.

Estar disposto a se mudar para lugares novos na companhia de novas pessoas não é mera questão de ser gregário. Na realidade, embora ser gregário sem dúvida amplie os nossos contatos, tal qualidade por si só não garante a expansão da nossa busca da felicidade. A tendência a ser sociável, a seguir o "rebanho", pode, ironicamente, criar os seus próprios tipos de limites. Nós caminhamos, sim, mas, a bem da verdade, na companhia apenas dos que são semelhantes a nós. Nós temos uma vida social intensa, sim, porém somente se já conhecemos as ideias, os interesses e a classe social a que pertencemos.

Os verdadeiros extrovertidos, a despeito de quão discretos possam parecer socialmente, estão atentos à diversidade e por ela sentem-se atraídos. Assim, perseguem o que é díspar, o que é distinto, pois desejam saber – e de fato compreender – aquilo que diverge deles. Por isso anseiam conhecer ideias contrárias às suas, porque as veem como uma oportunidade de crescimento pessoal.

Portanto, a extroversão é mais do que um simples não gostar de estar só; é uma dimensão da alma, uma atitude mental que nos impele a correr atrás do que é novo e estranho ao nosso mundo através de quaisquer meios possíveis. Essa espécie de extroversão recusa-se a excluir as diferenças, recusa-se a converter o preconceito em virtude. Se sou extrovertido, procuro ideias e pessoas fora do meu círculo natural, pessoas diferentes de mim, a fim de me tornar alguém melhor do que jamais seria capaz se permanecesse empacada comigo mesma.

A introversão – definida, neste caso, mais como retraimento do que ponderação ou necessidade de processar informações antes de entrar numa discussão pública do assunto – nos induz a viver enclausurados em nós mesmos. A ruminação – esse pendor de nos entregarmos a autocríticas constantes em detrimento àquelas reflexões sérias que nos compelem a nos debruçarmos sobre o que é novo ao invés de nos segregarmos – se transforma na característica inconfundível dos que não conseguem ir além de si.

O problema é que quanto mais nos isolamos do mundo que nos cerca em prol de segurança, mais passamos a trilhar o velho percurso existencial de sempre, como animais puxados pelo cabresto. Não é que não estejamos nos saindo bem no que quer que estejamos realizando, entretanto, uma vez esgotado o crescimento pessoal resultante da expansão de nossas vidas limitadas e do avanço que isto nos proporciona, ainda mais estagnados ficamos. E mais insípida a vida se torna. E menos a vida tem a nos ofertar porque não mais lhe ofertamos coisa alguma. A "busca" da felicidade se transmuta na expectativa de que a felicidade virá bater à nossa porta, ignorando que precisamos, também, ir ao seu encontro. Neste ponto da jornada, a procura da felicidade nos aprisiona num beco sem saída.

A extroversão, por outro lado, nos arremessa para o desconhecido pelo puro prazer de virmos a descobrir uma perspectiva inteiramente inaudita da vida. Os extrovertidos, movidos por um rematado esforço e intenção de se desvencilharem do cabresto da sua geografia pessoal, fazem da vida uma aventura a ser vivida e não uma interminável corrida em círculos, até que a nossa alma caia morta devido ao tédio infinito.

Quando saímos de nós para dentro do mundo, conhecemos mais a respeito de nós mesmos do que julgáramos conhecer até então. Damo-nos conta de que podemos desenvolver habilidades sobre as quais nem sequer havíamos pensado antes. Aprendemos a ouvir os outros, a sorver de sua sabedoria, a ser encorajados por sua intrepidez e, desse modo, florescemos mais do que jamais imagináramos possível.

Os extrovertidos partem para desbravar o mundo. Por não ficarem à espera de que o mundo bata à sua porta, estão muito mais propensos a se abastecerem da energia decorrente de se permitirem levar pela vida para lugares e ao encontro de pessoas que nunca, até então, lhes passara pela cabeça que pudessem existir.

A extroversão que conduz à felicidade é aquela centelha de luz interior que nos instiga a ir além de nossos mundinhos, minúsculos e insignificantes para nos lançarmos a essa caça ao tesouro em outras paragens, pelo resto de nossos dias.

É aquele entusiasmo que nos atiça quando vemos fotos de voluntários, de várias partes do planeta, construindo abrigos para as vítimas do terremoto no Haiti e exclamamos: "Eu adoraria participar de algo assim!"

É aquele desejo de conhecer outras culturas, outros povos, outras raças, que nos arranca da nossa zona de conforto. É o impulso de ir àquele gênero de festas em que somos instruídos a levar um convidado de outra etnia.

É aquele fogo ardente que nos estimula a querer dar a volta ao mundo.

É aquele deslumbramento que brota em nós quando começamos a estudar uma língua estrangeira por nenhuma outra razão senão a vontade de explorar uma forma alternativa de ampliar as fronteiras do nosso mundo.

É aquele esforço de percorrer uma outra estrada, uma nova vereda da vida, qualquer que seja a nossa idade.

É aquela sede de viver que nos reveste da coragem de nos arriscarmos na estranheza do novo.

É aquela confiança no nosso eu que nos possibilita falhar sem sermos destruídos pela sensação de que somos fracassados.

A extroversão não é um destemor barulhento, sociável, imprudente ou cego. A extroversão é aquilo que nos persuade a tentar novamente, a tentar alguma coisa inédita, a tentar alguma coisa insólita, a tentar até que consigamos acertar.

E é nessa determinação de crescer, nesse comprometimento de nos metamorfosearmos em algo mais do que o nosso pequeno mundo exige de nós, que jazem as sementes da felicidade – sementes de propósito, de significado e de um tipo de autorrealização que vai muito além da gaiola dourada do eu.

20
Vínculo

A despeito de toda essa bravata sobre a superioridade da racionalidade e linguagem humanas, sobre a história e a tecnologia humanas, sobre as conquistas e os conquistadores humanos, no final das contas não existe nenhuma outra criatura no planeta mais vulnerável, mais dependente, do que o ser humano. Os ecologistas nos dizem, por exemplo, que, estando no topo da cadeia alimentar, nós seremos os primeiros a desaparecer se o nível de poluição continuar no patamar atual. Chega dessa história de invencibilidade. Chega dessa nossa superioridade.

A realidade é que ser humano é viver num estado de pertença. Existimos dentro de uma força magnética que nos vincula ao mundo inteiro. "Nenhum homem é uma ilha", o poeta John Donne nos ensina, como se ser um elemento isolado do restante da humanidade fosse questão de escolha. A verdade é que gravitamos ao redor de outras pessoas pelo simples fato de sermos incapazes de viver inteiramente sós, pois não nos é factível nos desvencilharmos de todos os relacionamentos, nos tornarmos completamente autossuficientes no atendimento de todas as nossas necessidades.

Ainda naqueles casos em que ser fisicamente independente das demais criaturas seja remotamente concebível, intelectual e emocionalmente isto é impossível. A espécie humana se desenvolve muito devagar: nove meses no útero, pelo menos doze anos até atingir a maturidade sexual e a autonomia física, muitos anos mais antes de adquirir o tipo de maturidade emocional indispensável para efetuar avaliações e realizar escolhas que, talvez, comecem a nos assegurar qualquer estilo de vida que vá além dos rudimentos da mera sobrevivência.

Oh, é claro que sempre afirmamos isso. "O ser humano é um animal social", nós aprendemos em algum ponto inicial do processo educacional. Porém são necessários anos para principiarmos a entender os múltiplos níveis de significado que conferem embasamento a tal enunciado. Aliás, as implicações deste enunciado são quase impenetráveis. Ser um "animal social" significa que, como espécie, nós, sem dúvida, não fazemos coisa alguma sozinhos. Nós não podemos fazer nada sozinhos. O que a consciência desse *insight* nos leva a inferir – tanto em relação à felicidade quanto às quaisquer outras dimensões da vida – chacoalha todo o conceito de "individualismo" e vira de ponta-cabeça tudo o que, há tempos, temos tomado como garantido acerca da nossa própria invencibilidade, da nossa tão ciumentamente defendida "independência" e do nosso mal disfarçado sentimento de "altivez".

Tampouco o peso desse *insight* é uma mera moda psicológica, passageira e modernosa. Quer o admitamos ou não, sempre soubemos que o relacionamento – a capacidade de criar vínculos e de sentir, de cuidar e de amar – constitui a essência de quem somos.

Não demorou muito para descobrirmos que não podíamos matar elefantes e tigres sozinhos, que não podíamos cultivar e ceifar os alimentos sozinhos, que não podíamos construir e defender cidades sozinhos. Apesar de toda a nossa inteligência, nós não podíamos, absolutamente, viver uma vida plena sem que estivéssemos unidos aos outros membros da comunidade humana. Aquilo que planejamos realizar, precisamos realizar juntos. Nós vivemos em grupos. Nós trabalhamos em grupos. Nossa identidade deriva do pertencimento a um grupo – familiar, nacional, social, político, racial, religioso, genético e de gênero. A fonte da nossa própria vida está nos relacionamentos que construímos e nos quais embarcamos desde o primeiro instante até o fim de nossos dias.

Mas as implicações emocionais de criar vínculos e crescer, de se metamorfosear e florescer, podem muito bem ser o mais importante de tudo. De todos os atributos humanos que mais claramente aparecem associados à felicidade, a capacidade de cultivar relacionamentos é uma constante em cada pesquisa, em cada estudo, em cada paradigma psicológico. Mesmo a nossa autoimagem é produto de como os outros nos definem. Crescemos ouvindo daquelas pessoas que são as mais importantes, as mais relevantes, as mais influentes da nossa vida, o quanto somos "inteligentes", ou "tímidos", ou "amorosos", ou "mal-humorados", e seguimos pelos anos afora imbuídos dessas qualidades – aceitando-as ou resistindo-lhes talvez –, porém marcados por elas. Portanto, não é nenhuma surpresa que a maneira como nos relacionamos com os outros, e vice-versa, acabe determinando e mantendo os níveis de conforto de toda a nossa existência. Simplesmente não fomos feitos para ser autônomos. E, no entanto, por nossa conta e risco, nós tentamos sê-lo com demasiada frequência.

A disposição de construir relacionamentos leais e duradouros não é um fardo, nem um sacrifício do eu; é o próprio alicerce da vida. Os relacionamentos são a nossa segurança nas fases turbulentas, os nossos companheiros na alegria e nos momentos de sucesso. Quando nos alienamos da comunidade humana, em vez de ter o nosso florescimento pessoal assegurado, nós o reduzimos. Sem aquelas outras pessoas na nossa vida, não nos conhecemos verdadeiramente, ou confiamos no nosso mundo.

É o outro que se converte numa fonte de sabedoria em face às nossas incertezas. É o outro que se converte na luz que nos falta nas horas de escuridão. É o outro que se converte na nossa força, quando já exaurimos a nossa. E é no outro que somos capazes de enxergar os sinais da nossa própria evolução.

Carecer desse tipo de relacionamento é sermos lançados de volta aos nossos insignificantes recursos, físicos e espirituais. Quando falhamos em estender a mão ao outro, nos reduzimos a escravos das nossas próprias limitações. Sem relacionamentos que possam moldar um estilo de vida para nós, nos guiar quando não sabemos que rumo seguir, nos prevenir das armadilhas adiante e rir conosco durante a caminhada, nós nos enclausuramos dentro de nós mesmos com toda a ignorância, insensibilidade e ausência de florescimento humano que isto acarreta.

O fato é que, tal como precisamos dos outros, o resto do mundo também precisa de nós. Logo, fracassar em ser receptivo aos nossos semelhantes é nos negar a plenitude da nossa existência. Então nos transformamos em seres espiritualmente entorpecidos, destituídos de sentimentos, um reles esboço pálido e vazio de o que significa ser plenamente humano. Assim passamos nossas vidas fingindo que felicidade é sinônimo de círculo social e indo a festas nos fins de semana na companhia de conhecidos, não de amigos.

Sem ninguém para amar e ninguém com quem nos alegrarmos, sem ninguém que se importe conosco e ninguém que esteja disposto a se interessar por nós, sem ninguém com quem nos preocuparmos a não ser conosco mesmos, nós perdemos a própria substância da felicidade: calor e segurança, cuidado e atenção, diversão e plenitude de vida.

A ironia de tudo isso é que minha felicidade depende de eu ter alguém com quem a partilhar, alguém com quem buscá-la, alguém com quem a explorar, alguém com quem permanecer mergulhado nela, alguém com quem dividir os encargos pesados da vida e com quem celebrar as recordações.

Caso contrário, não há a menor possibilidade de nos tornarmos tudo aquilo que estamos destinados a ser. Caso contrário, nossa vida jamais poderá se tornar tão plena quanto está destinada a ser. Não existe nenhuma grande felicidade que talvez possamos desfrutar ou alcançar sozinhos.

As outras pessoas são a chave da nossa própria felicidade. Fracassar na compreensão desta realidade, e no seu desdobramento, é nos condenar a viver pela metade e a usufruir somente de uma imitação pálida da felicidade. "Somos talhados e moldados pelo que amamos", escreveu Johann Wolfgang Von Goethe. As pessoas a quem amamos, ou com as quais nos importamos, são a argamassa da vida: sem elas a felicidade é, quando muito, uma miragem, um simulacro da plenitude do que significa ser verdadeiramente humano.

21
Competência

Quando eu fazia pós-graduação, deparei-me com o estudo de um caso clínico que, desde então, nunca mais me saiu da cabeça – tanto em razão do que estava escrito quanto do que se lia nas entrelinhas.

O caso girava em torno de um paciente que vivenciara a sua mais importante experiência transformadora aos oito anos de idade. Era seu aniversário e, com aquele encantamento e afobação infantis, ele tentava abrir todos os presentes ao mesmo tempo. O último pacote, um jogo de dardos, fora presente do pai. Esgoelando-se de prazer, o menino dependurou o alvo na parede do porão, tirou os dardos da embalagem, mirou e lançou o primeiro dardo com o mais completo e desenfreado abandono e – contrariando todas as chances – acertou na mosca logo na primeira tentativa de sua vida.

Os pais ficaram atônitos. O garoto tornou a mirar o alvo e atirou o segundo dardo. De novo na mosca. Os convidados gritaram, cheios de assombro.

Novamente a criança fez pontaria e, por um feliz acaso do destino, acertou na mosca pela terceira vez consecutiva, enquanto pais e convidados o proclamavam um gênio, aplaudiam o seu talento, profetizavam seu enorme sucesso na vida e o incitavam a decidir o seu futuro ali, naquela hora, imediatamente.

Porém, ao longo dos anos, por mais que os pais tentassem persuadir e induzir o filho a voltar a exibir seu talento, este jamais tornara a lançar um único dardo pelo resto de seus dias, segundo afirmou seu terapeuta. Posteriormente, o rapaz relatou que só de pensar no jogo de dardos sentia-se mal.

Apavorado com a possibilidade de falhar, despreparado para lidar com as expectativas desmesuradas construídas ao seu redor numa idade em que era impotente demais para protestar contra a irrealidade de tudo aquilo, o jovem passara a vida inteira sob a sombra de um falso êxito, de uma sorte que escapava ao seu controle, de expectativas que não podia atingir, de promessas que não podia cumprir.

Essa história revela dois fatos de extrema relevância: sermos bem-sucedidos sem sequer tentarmos, transforma a tentativa em risco; sermos postos em situações que estão além da nossa aptidão natural é um convite ao desastre emocional. É evidente que pessoas que almejam mais do que, presumivelmente, podem alcançar se expõem ao fiasco. E, principalmente, se colocam a caminho da infelicidade, de uma sensação prevalecente de incompetência, de decadência pública e de uma virtual dissimulação que torturam cada um de seus dias.

As pessoas felizes, de acordo com as apurações das pesquisas, são aquelas que se sentem confortáveis com a sua própria capacidade de realizar o que lhes é pedido, na área de sua predileção. Nós nos metermos em alguma coisa para a qual não temos competência e, ainda assim, continuarmos insistindo, nos sentencia ao eterno fracasso, pois isto significa que nunca podemos nos sentir realmente satisfeitos com quem somos, que teimamos em querer ser o que não somos, e sim o que os outros são.

Bons chefes que prefeririam ser gerentes correm o risco de perder credibilidade até no que se destacam, quando, sob a sua direção, um negócio depois do outro naufraga. Bons professores de história que se aventuram na ciência da computação, porque os salários de quem atua neste campo são mais altos, está escolhendo o *stress* em detrimento ao contentamento.

O que nos confere a confiança – e a oportunidade – de dar o próximo passo rumo à autorrealização é estarmos focados no que desempenhamos com eficiência. "Começar de baixo" é, sem dúvida, uma ótima maneira de obter êxito. O que eu faço bem feito, na posição que ora ocupo, me converte num candidato óbvio para o patamar superior seguinte. Angario respeito e também responsabilidade porque possuo um conhecimento genuíno das minhas próprias e reais aptidões. Portanto, se vou pela vida afora correndo atrás do inatingível, pelo menos essa será uma corrida consciente. Assim, se a minha próxima empreitada malograr, ainda terei a certeza de que não sou um fracasso, de que estou apenas ocupando o lugar errado. A felicidade está em saber onde me encaixo e como chegar lá.

Entretanto existe uma outra dimensão de competência que também afeta o nosso nível de felicidade. Nesta situação, o que nos estressa não é tanto estarmos pouco preparados para uma determinada posição. O que sabota o nosso gosto pela vida é sermos preparados demais para a posição que ocupamos.

Há tempos os *headhunters* aprenderam que contratar alguém superqualificado para um determinado cargo muito provavelmente põe em risco o sucesso da empresa e a saúde mental do contratado, o mesmo acontecendo se o contratado não possuir o preparo suficiente para atender às exigências do cargo. O tédio tem um efeito neutralizador sobre a alma. Os entediados são mais inclinados tanto a produzir menos quanto a ter um desempenho deficiente.

Pior do que a propensão ao enfado dos superqualificados talvez seja a perda da criatividade decorrente de sermos solicitados aquém da nossa capacidade. Observar o entusiasmo daqueles ao nosso redor por seu trabalho, notar como se sentem recompensados, como são considerados importantes para a comunidade como um todo, marginaliza, dentro do grupo, uma pessoa cujos pontos fortes estão tão fora do radar que passam despercebidos. Nesta conjuntura, as relações sociais, o próprio sopro vital da condição humana, sofre.

Ainda mais grave é quando os que ocupam uma posição de liderança, aferrados à ilusão de falsa grandeza, cultivam a noção de que as suas ideias são as únicas e as melhores do grupo, sufocando, desta maneira, os talentos dos demais e, por conseguinte, asfixiando toda a amplitude criativa do grupo.

Em ambas situações, ser superqualificados ou pouco preparados para a posição que almejamos, a nossa felicidade basilar é comprometida.

Nestas condições – quando o objetivo buscado não é o objetivo que se pode alcançar – as pessoas tendem a se desconectarem da situação. Elas absorvem o fracasso, engolem o sentimento de perda derivado do insucesso e, silenciosa e tristemente, continuam a viver por viver.

Logo o desinteresse se instala e o fogo da excitação, resultante do conhecimento das profundezas da própria criatividade, se transforma em fumaça. As pessoas recebem o seu salário todo início de mês, porém o valor do cheque pouco ou nada contribui para elevar o nível declinante de felicidade, pois ou se acham num cargo além da sua capacidade, ou não querem exercê-lo.

Por outro lado, a sensação de competência, oriunda de ocupar a posição desejada e realizar o trabalho de que somos capazes, é um combustível de energia, concedendo-nos razão para nos esforçarmos, para atingirmos nossos objetivos, para sermos cocriadores de uma vida melhor para todos. E isto reveste a nossa própria vida de propósito e significado. Assim, a despeito de quem quer que nos aplauda, nos sentimos satisfeitos conosco mesmos. Nós estamos dando tudo o que temos e fazendo tudo o que podemos para que este mundo seja um lugar melhor do que era antes de nossa chegada. Então percebemos que estamos à beira de nos tornarmos tudo o que somos destinados a ser. Então sabemos o que é ser feliz.

22
Autonomia

Caso os testes psicológicos tenham revelado os principais componentes da felicidade corretamente, um dos elementos apontados é incontestável. O vínculo – aquela identificação com pessoas e grupos que expandem os nossos horizontes e nos sustentam enquanto nos movemos ao seu encontro – é um fator importante para o nível de felicidade pessoal. Porém também o é a autonomia, assim como a consciência de que somos responsáveis pela nossa própria felicidade e que somente nós podemos tomar uma atitude a respeito.

À primeira vista, vínculo e autonomia parecem polos opostos, incompatíveis e, não raro, até contraditórios, quando, por exemplo, as pessoas com quem convivo estão me aconselhando a fazer uma coisa e a minha intenção é fazer algo bem diferente. Todavia tal análise falha ao não considerar que o vínculo genuíno demanda uma escolha livre de um indivíduo em relação ao outro.

Se não crio vínculos com alguém, é porque escolhi não manter um relacionamento com este alguém por motivos conhecidos apenas por mim: porque não amo essa pessoa, porque ela me leva a me sentir dependente, porque me acho explorada, porque me sinto sozinha mesmo na sua companhia, porque sou ingênua demais para reconhecer o seu amor por mim.

Às vezes recuso-me a admitir tudo isso até para mim mesma e é então que essas duas dimensões da felicidade se confundem. Autonomia é a consciência de si como um adulto independente, um adulto com iniciativa própria. O que realizo acarreta consequências, o que, por si só, basta para conferir a tudo o que faço, ou o que me recuso a fazer, concretude e significado. A autonomia é o que me permite qualquer ato de moralidade. Sem autonomia sou, quando muito, um fantoche na vida alheia. Sem autonomia, a verdadeira felicidade – a sensação de haver alcançado a plenitude, de haver efetuado escolhas que possibilitaram a felicidade – é quimérica.

É provável que Lloyd George tenha dito tudo sobre essa questão ao escrever: "A liberdade tem restrições, mas não fronteiras". Ou, colocado de outra forma, a liberdade tem seus limites naturais sim, contudo também traz embutidas oportunidades ilimitadas. Não, nós não somos livres para fazer tudo o que gostaríamos. Ser "livre" para escolher uma profissão não implica que eu possa exercer qualquer profissão de minha escolha. Talvez minhas habilidades não sejam primorosas o suficiente para me garantir um determinado emprego. Talvez eu não tenha dinheiro bastante para me sustentar enquanto me preparo para desempenhar uma certa função. Talvez a minha experiência na área da informática esteja aquém do requisitado para um cargo específico. Talvez aquela organização em particular não esteja contratando ninguém para a posição que ambiciono. Entretanto, a despeito de quaisquer que sejam as restrições atuais, ainda continuo sendo livre para perseguir a posição almejada, caso minhas escolhas resultem na resolução dos entraves vigentes. E se eu não conseguir um cargo na empresa de minha preferência, há uma infinidade de outras instituições onde posso me candidatar.

Se possuímos autonomia, somos, simultaneamente, livres para assumir a responsabilidade por nós mesmos e livres para nos metamorfosear em tudo o que podemos ser.

Para quem é autenticamente autônomo, a capacidade de arcar com a responsabilidade por suas decisões constitui a medida de sua maturidade. Nesta etapa do desenvolvimento, passo da sondagem ao comprometimento e me torno – nas palavras do poeta – "o senhor do meu destino, o capitão da minha alma". Agora não há ninguém a quem culpar, exceto a mim mesmo. Tomar essa atitude irá requerer tanto confiança para escolher os meus caminhos na vida quanto coragem para estar à altura de suas exigências.

Chegado este momento, o que realizo na vida, o que busco na vida, o que me empenho em alcançar na vida, recai sobre meus ombros apenas. Deixo de proceder como criança – agindo sob a pressão da aprovação ou punição – e começo a lutar como um guerreiro solitário na planície das possibilidades que selecionei para mim.

Agora não há mais falsas fronteiras para obstruir o meu desenvolvimento. Já não estou mais vivendo a vida do meu pai, ou os sonhos da minha mãe. Acatei o direito de arquitetar a minha própria existência e é então, neste ponto, que ouso sonhar os meus próprios sonhos. E é também neste ponto que devo assumir a responsabilidade por eles.

– Eu realmente não estou feliz fazendo o que faço – o jovem corretor da Bolsa de Valores me disse. – O que eu queria mesmo era ser professor.

– Mas então por que você foi parar na área financeira? – perguntei-lhe.

– Porque meu pai só pagaria a minha faculdade se eu cursasse Finanças. Para ele, professores não ganham bem.

É possível que isto seja verdade. Todavia, o que acontece a um filho que atinge a maturidade cabendo-lhe o papel de portador de uma visão da vida que não é a sua? O que acontece ao desejo constante de autonomia de alguém que permanece continuamente frustrado devido às consequências de não ser uma criatura autônoma? O que acontece à "busca da felicidade" por aqueles que são deixados em liberdade – porém não liberados – para procurá-la? De quem é a responsabilidade de ir além do "Eu realmente não estou muito feliz, mas...?"

Autonomia não é simplesmente ter o direito de escolha; é também a concentração de todas as forças necessárias para optar entre possibilidades diversas. Somos livres desde que possamos voltar a escolher outra vez. A questão é a seguinte: o que você realmente escolhe agora, neste preciso instante da sua jornada?

A menos que esta escolha decisiva seja feita, nós nos condenamos a viver no passado, quando deveríamos estar traçando o nosso presente. Mesmo que isto signifique escolher fazer exatamente o que estamos fazendo, ao invés de arriscar uma mudança, o importante é que a escolha seja decididamente nossa.

Possibilidade não se reduz à liberdade de fazer algo; é também a liberdade de não fazer algo. A autonomia implica escolhas que operam mudanças – não só em mim, mas nos outros. Tão logo me ponho a tomar as minhas próprias deliberações e a decidir o meu destino, tão logo passo a encarar as consequências das minhas resoluções e a aceitar a responsabilidade inerente, assumo o meu lugar de um dos cocriadores da vida. É assim que nos convertemos em adultos de princípios e cada um de nossos atos constitui um ato moral. Nós nos transformamos em agentes de mudança na sociedade, modelos de consciência no mundo e exemplos de retidão de caráter.

Agora já não posso mais alegar como "sorte" o motivo da minha situação existencial. Estou onde decidi estar e terei que fazer as melhores escolhas possíveis que me permitam vir a ser a melhor versão de mim mesma.

Há, na dependência, uma segurança que é sedutora. Desde que me disponho a submeter minha vontade aos desígnios de uma outra pessoa e classifico minha atitude de "obediência", sou livre para não ser livre. Converto-me num robô moral. Minha alma torna-se um androide de alguém, um sistema para além de mim. Posso ter consciência de minha rendição, entretanto digo a mim mesma que abdicar da análise e escolha pessoais, da tomada de decisão pessoal é, em si, moral. Então começo a me ouvir dizendo: "Eu estava apenas seguindo ordens...", ou, "Eles me mandaram...", ou, "O que mais eu poderia fazer...", ou, "Eu não sabia", ou, "Nós não conseguimos permissão para..."

Porém tudo isso é mera falsa segurança, pois leva embora aquela parte de mim que, a despeito de ainda precisar ser desenvolvida, continua eternamente num compasso de espera. E quando essa parte de mim se vai, minha última chance de felicidade também se dissipa – a felicidade de saber que não somente estou fazendo o que é certo, mas fazendo o que sei ser o certo para mim.

Nas palavras de William H. Hastie, finalmente cheguei ao estágio de "estar me tornando alguém, ao invés de meramente existir". Não estou simplesmente vivo; sou adulto.

Aqueles que passam pela vida sendo menos do que árbitros de si mesmos, jamais conhecerão a felicidade de cometer os próprios erros, jamais conhecerão a glória de revertê-los, ou a alegria de crescer em virtude deles. Esses serão como uma sombra, como um fantasma de si mesmos: um filme revelado pela metade; um ramo de flores sem botões; um começo sem nenhum fim conhecido.

Não tenha a menor dúvida: a pessoa que amadureceu até atingir a autonomia, a exemplo de uma sucessão de atletas olímpicos, tem razão ao afirmar: "Posso não ter vencido a corrida, porém não fracassei. Fiz o que fiz a caminho da glória e estou orgulhoso de haver tentado".

23
Significado

Há aqueles que passam anos tentando entender o significado da vida. Infelizmente esta não é a maneira de descobri-lo. Privadas de uma "razão de ser" abrangente – um motivo relevante o suficiente pelo qual viver –, deprimidas em virtude da rotina cotidiana, desalentadas e desprovidas de direção, essas pessoas limitam-se a seguir em frente por não saberem agir de outro jeito. E são pessoas de todas as idades. Há os jovens, vivendo num mundo tão em rápida transformação que relutam em escolher um rumo, pois este também é capaz de mudar. Há os de meia-idade que, embora tenham definido um rumo na vida, percebem mudanças aleatórias que lhes roubam o chão dos pés de forma tal, que já não têm mais certeza se as coisas valem a pena ou não. E há aqueles da geração mais velha, que se perguntam o que aconteceu ao mundo que conheciam e questionam se o que realizaram na vida chegou, de fato, a ter alguma importância.

Os jovens que não veem nenhum futuro à sua espera não raro ficam aprisionados num presente que lhes garante pouco e promete menos ainda. Mulheres e homens de meia-idade, insatisfeitos com o ponto a que chegaram, acomodam-se lamentosos e se entregam às escolhas anestesiantes – beber, dormir, ver TV, isolamento. Os velhos se tornam tristemente silenciosos enquanto a vida vai ganhando uma tonalidade cinzenta ao seu redor.

Evidentemente isto não é "felicidade". Não é contentamento. Não é satisfação com uma vida bem vivida.

Surge, então, a indagação: a vida frustrou essas pessoas? Aliás, a vida frustra todos nós? Crescemos alimentados por ideias de potes de ouro no fim do arco-íris, acreditando num sucesso que se traduz em dinheiro, presumindo que a idade adulta confere a todos nós "a vida boa". Porém, se o que as pessoas dizem aos pesquisadores sobre o que as faz felizes for verdade, o capítulo que tem sido deixado de fora desse enredo constitui, na realidade, a peça-chave.

Na realidade, a felicidade não é algo que a vida nos oferta. A felicidade deriva de o que devolvemos à vida. A lógica é bastante clara: nós somos, de fato, seres sociais. Ninguém é agraciado com um dom para que o guarde para si somente. Um dom é o que recebemos para justificar o nosso pertencimento à raça humana. É uma promessa ao restante da humanidade de que faremos a nossa parte para que todos possam desfrutar de uma existência que valha a pena. O dom nos é concedido para que possamos consumá-lo.

A felicidade provem da descoberta daquilo que o mundo precisa e que está ao nosso alcance oferecer-lhe; resulta de encontrar o nosso propósito na vida e lhe ser fiel. E assim os dons que nos foram dados devem, pelo menos num certo grau, contribuir para melhorar a vida dos outros.

Numa pequena aldeia na Irlanda, onde as pessoas moram em casinhas espalhadas pelos campos, a quilômetros de distância umas das outras, a frota de táxi local consiste num único carro velho, dirigido por um senhor de idade. Os moradores o chamam para levá-los e buscá-los quando há festas na casa de amigos e celebrações familiares.

– Espero que você não tenha que fazer muitas corridas esta noite, Micky – disse-lhe um passageiro americano. – Nós vamos voltar cedo e assim você não terá que ficar acordado até muito tarde.

– Não, não, não tem problema – retrucou Micky, inspirando fundo. – Este é o propósito da minha vida.

Encontrar a sua razão de ser e um sentido para a própria vida estão no topo dos fatores tidos como fundamentais da felicidade. Não importa o lugar que ocupamos na escala econômica, pois é saber o porquê de nossa existência o que conta. Não importa quão triviais os nossos dons possam parecer até aos nossos olhos; o mundo seria mais pobre sem eles. E nós também seríamos mais pobres por não tê-los feito florescer da melhor maneira possível. Minha vida tem significado para cada um que cruza o meu caminho. É ter consciência disso e viver de acordo é o que conta.

O questionamento-chave da vida é simples e certeiro: se desejo realmente ser feliz, o que eu sou é parte de algo maior do que eu mesma? Com o que eu posso contribuir, de maneira mais significativa, para o bem deste planeta, deste projeto, desta questão, deste problema, e para o bem dos meus semelhantes? Onde é que o mundo em que estou vivendo neste exato momento precisa de mim exatamente agora? Então, quando compreendo que pertenço a algo muito maior do que eu mesma, dinheiro, *status* e ambição pessoal empalidecem diante de tamanha magnitude – e assim acordo feliz pela manhã. Acordo sabendo que tenho feito o que estou aqui para fazer. E sabendo, também, o que fazer comigo mesma, com os meus dons, com a minha vida.

É óbvio que a vida não dá a nós um sentido. A vida tem apenas o sentido que nós lhe damos. Sem uma razão maior do que eu mesma – uma razão pela qual saio da cama todas as manhãs – estou desperdiçando minha vida dia após dia, como gotas d'água que se perdem no oceano sem provocar, sequer, a mais ligeira ondulação.

Uma coisa é percebermos, tarde demais, que temos vivido sem nenhum grande propósito e que nossa morte pouco impacto causará. Outra bem diferente é conviver com o desconforto de saber que estamos vivendo em vão, que não fazemos nada por ninguém que tenha significado para quem quer que seja. Entretanto, ter uma razão de ser e um propósito, chegar à compreensão do porquê de estarmos fazendo o que estamos fazendo, traz em si um toque de imortalidade. Então, de repente, nos damos conta de que estamos deixando algo de valor às nossas costas. Então podemos nos sentir felizes por havermos, de fato, vivido.

Nas palavras do provérbio chinês:

> Se você quer a felicidade por uma hora – tire uma soneca.
> Se você quer a felicidade por um dia – vá pescar.
> Se você quer a felicidade por um ano – herde uma fortuna.
> Se você quer a felicidade por uma vida inteira – ajude alguém.

24
Quando a infelicidade nos inunda: e aí?

Os cientistas nos dizem que, no mínimo, graças aos nossos genes, cada um de nós possui uma espécie de termostato da felicidade responsável por regular os extremos exteriores de nossas respostas emocionais. Na maior parte do tempo, operamos entre os extremos – ora oscilando um pouco mais para cima, ora mais para baixo. Entretanto há momentos que ou excedemos, ou despencamos além dos níveis do nosso quociente usual de felicidade. Momentos que ou estamos "nas nuvens", ou "no fundo do poço", conforme apregoava minha mãe.

A fadiga, por si só, é danosa. Sentimo-nos cansados demais para cuidar de mais um bebê, para arranjar um trabalho extra a fim de pagar as prestações da casa que realmente nem queríamos, para assimilar a perda de uma promoção, para nos mudar para longe do círculo de amigos de infância. E, com certeza, não conseguimos aguentar o sofrimento de ter que lidar com duas dessas situações simultaneamente.

A doença pode nos esgotar a ponto de reagirmos de maneira nada branda perante ocorrências que, em geral, consideraríamos triviais: o bater constante de uma "porta vai e vem", o latido de um cachorro, perder a transmissão de um programa na TV.

E, talvez, o pior de tudo, nós nos impacientamos com os mecanismos da vida. O trabalho está estagnado e não há nenhum outro à vista. Os reveses provocados por uma economia fraca nos enchem de desânimo. Então nos damos conta de que o nosso mundo, o nosso chão, está sumindo, insidiosamente, sob nossos pés: as apólices de seguro estão caras demais, o valor da casa despencou, a viagem planejada custará o dobro do orçado, a bolsa de estudos não saiu, a demissão do emprego não me permitirá manter o carro que me possibilitaria me deslocar em busca de trabalho. De repente tudo isso é simplesmente demais e já não posso suportar a pressão. Não sabemos como ou por que nos metemos na situação em que nos encontramos e sequer enxergamos a luz no fim do túnel.

Logo nos pomos a nos debater com uma ideia assustadora. "Já não sou mais feliz", escuto-me pensando, "não como eu era". Atingido este estágio, é necessário partirmos para uma análise, uma avaliação. Será que está nos faltando algum dos fatores básicos da felicidade? Será que em conversas com os outros meus comentários têm sido mais negativos do que positivos? Será que me surpreendo criticando coisas que, outrora, nem iria reparar? Será que tudo me parece "incorreto", "errado", ou "sem valor"?

Estamos permitindo que a nossa vida permaneça entorpecida ao nos recusarmos a sair da rotina, ao não corrermos uns poucos riscos, ao não tentarmos algo novo?

Temos começado a ignorar os nossos amigos, que são o próprio cabo de resgate para os bons sentimentos, as boas risadas, as boas diversões, mesmo ciente de que estar junto de pessoas felizes é o melhor tônico contra a depressão?

Estamos nos esforçando tanto para agradar os outros – seja lá por quais motivos – que nos descobrimos anulando os nossos gostos e aversões para conservar felizes os que nos rodeiam? Havemos, portanto, perdido o controle da nossa agenda, ou do nosso lazer, ou até dos nossos objetivos de vida?

Por acaso dissemos "sim" ao que, de fato, não nos interessa fazer e o resultado é que agora vivemos estressados dia após dia? Ou talvez nos achemos num beco sem saída, empacados num emprego sem perspectivas de crescimento, sem desafios, ou oportunidades?

Estamos envolvidos em alguma questão, algum projeto, importante o suficiente para justificar o tempo dedicado a eles? A nossa vida gira em torno de algo significativo tanto para nós quanto para o mundo – quer o mundo o saiba ou não? Estamos realizando alguma coisa que acreditamos poder construir um mundo melhor para a próxima geração? Um mundo melhor do que a geração anterior à nossa nos deixou?

Estas são perguntas que não podem ser respondidas uma única vez na vida. Sempre que a nossa luz interior tornar-se mortiça, devemos voltar a nos debruçar sobre tais indagações antes que a nossa chama interior se apague. Quando a vida começa a se arrastar, destituída de foco ou energia, é porque iniciamos o processo de sabotar a nossa própria felicidade. Não é que não haja nada a ser feito. Não é que não sejamos necessários. Pelo contrário! Existe uma infinidade de coisas precisando de quem se disponha a executá-las – empreendimentos como o "Sopão", organizações sem fins lucrativos que ajudam crianças e jovens carentes a atingirem o seu potencial, projetos ecológicos, movimentos pacifistas e iniciativas legislativas, cortar a grama do jardim da vizinha idosa, trabalho voluntário nas mais diversas áreas. São tantas as possibilidades, que é inviável enumerá-las.

Entretanto existem outros níveis de infelicidade não tão sérios, talvez, mas igualmente perigosos a longo prazo. Nestes casos nós resvalamos, emocionalmente, numa zona crepuscular permanente, mais opaca do que escura, que matiza a nossa vida a ponto de roubar o brilho de nossa personalidade, chegando mesmo a debilitar o élan vital dos que nos cercam até que estejamos todos "deprimidos" quase sem saber por quê. Nestas situações, segundo os pesquisadores nos ensinam, há maneiras de preparar o nosso coração antes que o negativo, o "neurótico", sejam os definidores da nossa existência.

Em um dos estudos, por exemplo, os pesquisadores constataram que quatro simples ações eram eficazes para elevar o nível do termostato da felicidade[20].

Inicialmente, os pesquisadores mediram o quociente de felicidade de um grupo de acordo com as respostas individuais de seus membros aos testes comuns de avaliação. Então este grupo foi dividido em cinco segmentos e a cada seguimento coube uma tarefa para a semana.

Aos integrantes do primeiro subgrupo os pesquisadores encarregaram de apenas sorrir mais – para estranhos, quando alguém lhes dirigisse a palavra, ao verem algo de que gostassem. Este sorriso, uma espécie de sinal de felicidade aleatório, serviria como um fio de conexão com o resto do mundo e transmitiria a mensagem: eu não conheço você, mas sorrio-lhe e, através deste sorriso, nós estabelecemos uma conexão que é real, humana e solidária.

Os pertencentes ao segundo subgrupo deveriam passar algum tempo durante o dia pensando em três coisas pelas quais se sentiam gratos no momento atual da sua existência. Este é um processo que conduz a mente numa outra direção, é um exercício que me exige perceber, conscientemente, o fluxo contínuo

---

20 SELIGMAN, M.E.P. *Authentic Happiness*: Using the New Positive Psychology to Realize Your Potential for Lasting Fulfillment. Nova York: The Free Press, uma subsidiária de Simon and Schuster, Inc., 2002 [Edição Kindle].

e gratuito do que de bom acontece em minha vida e que, com frequência, dia após dia, sequer noto, ou reconheço.

Aos membros do terceiro subgrupo, os pesquisadores lhes disseram que quando se sentissem estressados, parassem e recordassem algo bom que lhes acontecera no dia anterior e que fora como uma rajada de felicidade, revigorante e extraordinária, em sua vida. Nesta situação, a lembrança de coisas boas já transcorridas nos leva a acalentar a esperança de que aquele novo dia irá, também, nos proporcionar os recursos essenciais para que o consideremos "bom".

Às pessoas do quarto subgrupo foi pedido somente que pensassem nas coisas de que gostavam – quer passadas ou presentes.

Inundar o cérebro com as pequenas coisas da vida que nos dão prazer – o cheiro do café pela manhã, a brisa suave soprando na praia, as noites passadas com amigos, contando histórias e renovando o afeto partilhado – mantém abertas as portas do coração para a vida como um todo, quando problemas específicos a oprimem.

Ao quinto subgrupo não coube absolutamente nenhuma tarefa especial.

Os resultados deste experimento nos dão uma prova estarrecedora de quão fácil é sentir-se feliz, desde que nos permitimos ter o direito de ser o que queremos ser: felizes. Os integrantes dos quatro primeiros subgrupos elevaram o nível do seu termostato de felicidade. Todavia tal não aconteceu com os participantes do quinto subgrupo, aqueles que nada fizeram de adicional para enxergar a vida sob um prisma positivo. Esses resultados nos convidam a atentar, cuidadosamente, para a nossa tendência de consentir que os elementos negativos da vida nos inundem apenas deixando de olhar, conscientemente, para os elementos positivos. Não é que não devamos encarar a realidade, ou que nunca devamos admitir que nos encontramos num momento negro da nossa trajetória pessoal. Porém é igualmente real, e rigorosamente verdadeiro, que já tenhamos estado em lugares sombrios antes e sobrevivido a eles, não raro emergindo com a alma e o ânimo mais fortalecidos do que antes de havermos naufragado.

A fim de nos protegermos da propensão de ter sempre uma atitude negativa em relação às pequenas irritações da vida – até que estas, de meros aborrecimentos passageiros se convertam em fardos – é fundamental nos lembrarmos das dádivas que nos são concedidas e que estão presentes no nosso cotidiano, a despeito de, com demasiada frequência, nos passarem totalmente despercebidas.

É importante compreendermos que temos muitas coisas boas para serem lembradas. Elas estão à nossa volta o tempo inteiro, permeando cada dia, cada minuto da nossa existência. O problema é que, não raro, as tomamos como garantidas. A realidade, entretanto, é de uma grandeza ainda maior. O fato é que temos muitíssimo mais do que imaginamos pelo qual ser gratos e se, rotineiramente, nos permitimos esquecer as coisas boas frente às pressões do momento atual, este poderá vir a ser o verdadeiro desastre de nossa cada vez mais negativa vida.

Felicidade: o dilema humano

25
Filosofia: a busca de sentido

No ambiente científico e tecnológico do mundo moderno, muito do que sabemos sobre as coisas tem sido reduzido a fórmulas e estatísticas. Nós contamos mãos levantadas, indivíduos e pesquisas para decifrar o que está acontecendo ao nosso redor. Nós esperamos que os números nos comuniquem o que as pessoas estão pensando, o que desejam, e se o que falam é a atitude certa – leia-se, "popular" – a tomar.

Contudo números e estatísticas, dados experimentais e pesquisas laboratoriais não são os únicos meios de compreender a vida. De fato, estas abordagens são, quando muito, relativamente recentes e ainda precisam ser cientificamente desenvolvidas e confirmadas. São abordagens que mapeiam o território sem, no entanto, na maioria das vezes, explicá-lo; informam-nos, por exemplo, quantas pessoas compram um determinado tipo de sabão, apesar de nada dizerem sobre o que as induz a comprá-lo. O que tem esse sabão – e não outro qualquer – que atrai a atenção dos consumidores, nós não o sabemos. Ou, melhor ainda, o mérito será do tal sabão, ou da campanha publicitária?

Porém há uma outra forma de determinar a natureza das coisas e a sua relação conosco, uma perspectiva que existe há séculos e continua emocionando corações e enriquecendo as almas. A velha maneira de aprender a pensar sobre alguma coisa era pensando!

É aí onde entram a filosofia e os filósofos. Os filósofos, que passam a vida refletindo sobre o que os circunda, se propõem a nos ajudar a encontrar um sentido para a vida e procuram tornar a condição humana compreensível. Eles analisam o que está por trás de uma ideia visando esclarecer não só o que esta ideia significa – embora definir algo como *tempo, justiça* ou *beleza* seja, sem dúvida, bastante difícil – mas também a sua razão de ser. Eles se perguntam o que estes conceitos deixam implícitos quanto à natureza da vida, da sociedade e do que significa ser plenamente *humano*. Então seu pensamento nos é transmitido a fim de provocar a nossa própria reflexão, atuando, assim, como uma espécie de guia existencial para iniciantes.

Os filósofos se dispõem a nos elucidar as grandes dinâmicas da vida. Eles questionam, por exemplo, se a verdade é absoluta ou relativa, se os cargos no governo se destinam aos que são disponíveis ou aos inteligentes, aos ricos ou aos indivíduos do sexo masculino, se a escravidão é natural ou imposta. Eles nos incitam a esmiuçar nossas próprias ideias a respeito desses tópicos e nos levam a examinar as dimensões da vida, tanto sob o enfoque de seu propósito quanto de seu valor.

Os filósofos nos ajudam a tomar consciência de como a vida opera, a enxergar além das explicações óbvias e chegar ao âmago das coisas; auxiliam-nos a distinguir entre a verdadeira natureza da felicidade e as tentativas dos ditadores de fazer a escravidão parecer liberdade. Os filósofos exploram o verdadeiro significado de "bom".

O importante a lembrar, todavia, é que a filosofia, diferentemente da ciência, não gira em torno de identificar uma única resposta certa e sim identificar a melhor dentre todas as respostas concebíveis, a resposta que leva em consideração o máximo possível de aspectos de qualquer coisa. Ou, ainda, a filosofia não se devota, absolutamente, a apenas encontrar respostas. De fato, tão importante quanto encontrar respostas é aprender a elaborar as melhores perguntas. Não se trata, por exemplo, de somente estudar o "prazer"; mas de inquirir se a felicidade se resume, ou não, ao mero prazer.

Os filósofos aplicam a razão e o pensamento crítico aos grandes questionamentos existenciais para apreender – independente de quaisquer tradições religiosas em particular e não necessariamente antagônicas – o que é a vida, como devemos viver, onde reside o verdadeiro sentido da vida, e onde não iremos descobri-lo.

Portanto não é nenhuma surpresa constatar que os filósofos também têm dedicado um tempo considerável à questão da felicidade. Porém, talvez o mais surpreendente, é o fato de que a análise filosófica da felicidade seja, simultaneamente, uma das áreas de interesse mais antigas e mais recentes da filosofia. O motivo disso é, por si só, um estudo de o que acontece quando abrimos mão de esquadrinhar todas as dimensões da vida por nós mesmos, quando simplesmente presumimos – a despeito de quão difícil a vida possa ser – que "é assim que as coisas são", quando permitimos que qualquer sistema defina os limites do pensamento para nós.

Na realidade, os filósofos gregos do século IV a.C. deram uma extrema atenção ao significado e à natureza da felicidade. Contudo, bastou esse tema irromper, para as diferenças começarem a emergir e as tensões resultantes precisarem ser resolvidas. *Eudaimonia* – palavra grega que designa estar num estado "de exaltação do espírito", ou sob a orientação dos deuses – era um elemento essencial da vida e quanto a isso os filósofos gregos concordavam. Mas nem todos estavam de acordo sobre o que, exatamente, esse termo expressava. Seria o seu significado "boa sorte" – um sinal do favorecimento dos deuses? Ou significaria ter um ânimo positivo; ser virtuoso? Seria a felicidade estar mergulhado no prazer, ou impregnado de virtudes (*arete*)? Ser abençoado, ou jubiloso (*makarios*)?

O grande filósofo Aristóteles concluiu, com a sua famosa máxima, que a felicidade – eudaimonia – é "a plenitude e o bem viver".

Entretanto, quando muito, este é apenas o princípio da conversa. Logo uma pergunta se impõe: o que, precisamente, está implícito quando nos é enunciado para almejar "a plenitude e o bem viver"? "Plenitude" quer dizer que, para ser feliz, nós devemos angariar riqueza, sucesso, segurança, no estilo de "ele se deu bem"? Ou plenitude consiste em fazer o que é certo, ser ético, escolher atividades elevadas – como assistir a concertos – em detrimento daquelas mais reles, como briga de cães?

Estes não são questionamentos fúteis. Aliás, fazem toda a diferença na maneira como escolhemos viver nossas vidas. Não são indagações restritas à alçada de poetas ingênuos ou de diletantes desocupados. Pelo contrário. Essas perguntas – quaisquer que sejam as suas interpretações– são legítimas hoje, para todos nós. Segundo nos é alardeado, traficantes, banqueiros suspeitos e revendedores de carros usados desonestos "se dão muito bem". Mas será esta a verdadeira felicidade? Podemos ser realmente "felizes" se somos desonestos? Bernie Madoff era feliz, ou simplesmente esperto?

Por outro lado, "bem viver" significa viver em meio ao luxo, viver vidas estruturadas, viver em plenitude? A propósito, o que é vida plena?

As respostas a estas perguntas nos assolam em cada um de nossos dias. Tampouco é possível explicá-las por meio de pesquisas.

Se você me inquirir se estou feliz neste momento e eu retrucar "sim", o que, exatamente, estou lhe dizendo? Que tenho muito dinheiro, que desfruto de muita liberdade, que possuo uma bela casa, uma vida harmoniosa, uma vida espiritual e artística ricas, ou que o meu corretor de valores é competente?

As respostas a estes questionamentos jazem sob camadas de equívocos e de múltiplos níveis de interpretação. Na verdade, respondê-las é tarefa para uma vida inteira. No entanto, ter consciência de que é necessário formular tais perguntas de tempos em tempos é ainda mais importante.

O próprio rumo e os objetivos de nossas vidas dependerão do que está na base das indagações que fazemos e nas respostas que, por fim, obtemos.

São as muitas perguntas sobre a felicidade, que os filósofos têm levantado ao longo dos séculos e até de milênios, que direcionam uma cultura para a sua grandeza ou o seu declínio. A resposta dos romanos sobre o que é a felicidade era "pão e circo" – na nossa linguagem, muita comida boa e diversão. Até que, eventualmente, a majestosa Roma – apesar de seus aristocratas e oradores – ignorando o preço a ser pago pela magnificência e excessos, entrou em estagnação, declínio e decadência.

* * *

A resposta à pergunta *O que é a felicidade?* em nosso mundo, varia de ter o suficiente a ter tudo, de estar seguro como nação a ser globalmente invencível, de possuir a família perfeita a arvorar-se do direito de fazer, descompromissadamente, o que bem entender em nome da liberdade pessoal.

Seria bom, deveras, se o mundo decidisse – nesta encruzilhada em que nos achamos entre nacionalismo e globalização, entre devastação nuclear e terrorismo internacional, entre excesso e colapso financeiro – exatamente o que ser feliz requer. Então todos nós, e cada um de nós, poderemos ser realmente livres para nos concentrarmos na "vida, liberdade e busca da felicidade" de maneiras que não obstruamos a felicidade uns dos outros.

26
A felicidade de lá para cá

A questão da busca da felicidade tem uma longa, porém volúvel, história no mundo ocidental – tanto em termos de sua evolução filosófica quanto na sua fugacidade na esfera pessoal. Este tópico, que a despeito de a sociedade contemporânea considerar agora fundamental e esmiuçar com paixão, permaneceu relativamente intocado – pelo menos filosoficamente – por séculos. Desde o tempo dos pensadores gregos, por volta de 500 a.C. até o ano 500 da nossa era, pouca, ou nenhuma atenção pública séria foi dada a este tema no Ocidente até fins do século XVIII. E é aos gregos que ainda recorremos quando queremos saber o que as mentes notáveis que nos antecederam tinham a dizer sobre o assunto.

Os filósofos gregos se debruçaram sobre o significado da felicidade durante quase quatro séculos. As mais diversas escolas do pensamento filosófico giraram ao redor dos diferentes aspectos da questão e também das diferentes concepções das respostas. Assim como a sociedade moderna procura em ramos singulares da medicina – osteopatia, quiropraxia, acupuntura, terapias holísticas, técnicas de *biofeedback* e nutricionistas – respostas para os nossos problemas físicos, os gregos fundaram várias academias de filosofia para estudar as questões existenciais. O que significa ser feliz e como atingir este estado constituíam indagações constantes dos pensadores da Grécia Antiga. Inúmeras correntes – os Cínicos, Céticos, Epicuristas e Estoicos – emergiram para dissecar tal dilema e responder aos seus questionamentos.

Os temas de cada uma das correntes filosóficas eram distintos e os enfoques nada menos que fascinantes. Mais ainda, do ponto de vista atual, as respostas permanecem intrigantes pela simples razão de que encontramos os seus vestígios muitíssimo vívidos no pensamento da nossa era – e, não raro, no nosso próprio ideário. E, sobretudo, são respostas que permanecem imprecisas.

Quanto ao quesito felicidade, os gregos adotaram cinco posições principais e fundamentalmente díspares.

Primeira: algumas escolas de pensamento sustentaram ser o prazer a essência da felicidade. A compilação de experiências prazerosas – até que o indivíduo acumulasse mais prazer do que sofrimento – representava a medida de uma existência feliz.

As pressões de tal perspectiva da vida ainda ecoam claramente neste nosso século XXI. Drogas, álcool, abusos sexuais, consumo extravagante, escapismo e excessos de todo gênero são uma forte influência subjacente na cultura. Entretanto, ao mesmo tempo, a incidência de casos de depressão aumenta dia após dia, o número de suicídios só faz crescer e o grau de satisfação com a vida em geral oscila debilmente, abalado pelos ventos da recessão. Com certeza a felicidade é um conceito mais estável do que isto. Caso contrário, não nos surpreenderíamos com os níveis de felicidade daqueles não pertencentes às sociedades de consumo.

Segunda posição: na visão de outros filósofos, o prazer físico era, no máximo, uma sensação passageira, com pouca ou nenhuma relação com a felicidade.

Estes dois grupos defendiam o que é tanto um ideal quanto um temor da sociedade atual. Ascese e negação, há muito valores religiosos, têm se transformado em trivialidades hoje em dia.

Conselheiros sugerem, por exemplo, abstinência sexual não com o propósito de fomentar o autocontrole, mas com o objetivo de intensificar o prazer ao negar o desejado por períodos determinados de tempo. Essa abordagem existencial de "privação e saturação", embora não apregoe que a felicidade é encontrada apenas no prazer, converte o prazer no princípio e na finalidade da vida. Portanto, nada muda. A vida continua orbitando em torno da obtenção do prazer, só que de maneiras mais comedidas. Sob esse prisma, nunca é levada em consideração a possibilidade de que a felicidade seja desvinculada do prazer.

Um terceiro grupo de pensadores afirmou que a felicidade jazia na total supressão dos desejos e que o prazer devia ser evitado por completo por temer-se perder a felicidade durante o próprio processo de buscá-la. A "ausência de desejos" – esses filósofos preconizaram – era a única condição infalível para se alcançar a felicidade. O que não desejamos não pode nos causar dor. Ao invés de nos induzir a procurar a felicidade na mais pura euforia existencial, essa abordagem depende, para ser eficaz, de aprendermos a não querer o que não podemos ter.

Numa sociedade em que "desejo" é um filamento do tecido cultural, aprender a viver dentro dos limites do "suficiente" se transmuta numa importante disciplina espiritual. Numa sociedade consumida pela necessidade de poder, *status*, riqueza, satisfação física e independência, numa cultura em que cada um desses elementos é exaltado, a habilidade de refrear desejos infundados tem que ser essencial para o desfrute da genuína felicidade. Todavia ainda não se sabe se a "ausência de desejos" basta para se obter a verdadeira felicidade.

Uma quarta facção de filósofos insistiu que a felicidade estava em viver "em harmonia com a natureza", não ambicionando nada além da satisfação das necessidades básicas e rejeitando quaisquer carências convencionais ou artificialmente criadas. A vida frugal – a sobrevivência focada somente nas necessidades básicas – falha tanto em potencializar a capacidade de ter prazer quanto em suscitar a espécie de felicidade que não depende dos prazeres do corpo. Nesta abordagem da felicidade, ambos, corpo e mente, são privados da capacidade para o prazer, a qual é, em si mesma, uma das dádivas da vida. Eis o xis da questão: é possível existir felicidade plena quando as dádivas da vida são tão cabalmente negadas?

Por fim, alguns grupos simplesmente suprimiram toda crença em quaisquer sistemas prometedores de uma existência feliz. Já que nada pode ser tido como certo – esses filósofos ponderaram – considerar qualquer coisa como certa é correr o risco de decepcionar-se. Portanto, não acredite em nada, pois talvez assim você não acabe desiludido quando for rejeitado. O desconhecimento – sob essa perspectiva – é o único fator realmente importante, se é que nos seja possível, em algum momento, ser felizes de fato. O que a mente desconhece, o coração não pode lamentar a ausência. A decepção é impossível. A crença é impossível. A especulação é impossível. A capacidade plena da mente é impossível.

Esse gênero de "felicidade" faz com que as pessoas retrocedam, confinando-as aos seus próprios recursos. Se nada é confiável fora do eu, o eu se torna o santuário da vida. Mas que espécie de vida é essa em que a verdade é incognoscível e todos os sistemas são suspeitos, indignos de confiança? Parece-me que tal abordagem promove, sem sombra de dúvida, uma avaliação inquietante, senão aflitiva, da própria vida.

Por outro lado Aristóteles, o maior de todos os pensadores gregos, via o prazer – a sensação física de satisfação – como parte de uma existência feliz, mas de modo algum indispensável à felicidade. Para ser feliz, o filósofo ensinou, era preciso viver a "vida boa".

Esse tipo de felicidade, segundo Aristóteles, só decorria do comprometimento de viver a vida buscando alcançar a excelência humana em nós mesmos – sermos completamente racionais na escolha de nossos comportamentos, ao invés de, tolamente, passarmos pela vida guiados pelas nossas sensações. Logo a felicidade resultava da construção de uma vida fundamentada na virtude ou na sabedoria, de optar por um bem maior em todas as situações. Isto significa pautar nossas vidas de acordo com as mais importantes questões de nosso tempo e de ter um propósito.

A felicidade, para Aristóteles, não era algo momentâneo, uma acumulação de prazeres isolados e efêmeros, a despeito de quão benéficos estes possam ser quando os experimentamos. Longe disso. Para o eminente pensador, a felicidade dependia da nossa capacidade de olhar para trás e perceber que havíamos vivido nos dedicando a perseguir três metas: a plenitude do desenvolvimento humano; a consecução da bondade humana; e o mais elevado e significativo dos propósitos.

Em outras palavras, o objetivo da vida, na visão de Aristóteles, consistia em empenhar-se no aperfeiçoamento do corpo e da mente em prol da conquista das aspirações e realizações humanas mais sublimes. Por conseguinte, felicidade não era sinônimo de autossatisfação. Pelo contrário. A definição de felicidade de Aristóteles abarcava cada faceta da vida, inclusive as dimensões social e moral. Para ele, a felicidade está em ser o melhor que podemos em cada e toda esfera existencial, indo muito além do simples engrandecimento do eu. Este é um modelo inteiramente individual-comunitário.

Portanto, é preciso que sejamos ponderados nas nossas decisões, nobres no seu seguimento e éticos na sua busca. Caso ajamos deste modo, teremos, nas palavras de Aristóteles, alcançado "a plenitude e o bem viver".

Colocado de outra forma, se queremos ser felizes nos termos de Aristóteles, não podemos viver uma vida irracional, dissipada, imprudente e sem sentido. Em tudo o que fazemos, devemos dar o melhor de nós para que o façamos bem feito. E assim, afirma o filósofo, experimentaremos o contentamento com a vida.

Estes seis atributos – virtude, racionalidade, prazer, contemplação, desdém pelo convencional e a recusa de acreditar em quaisquer respostas de quaisquer sistemas como caminhos certos para a felicidade – continuaram a ser abordagens populares para o dilema da felicidade durante quase 1.000 anos, de 500 a.C. a 500 da nossa era. E então, de súbito, as discussões sobre estes tópicos cessaram de despertar interesse.

Com a propagação do cristianismo no Ocidente – e o subsequente fechamento das academias gregas de filosofia – a felicidade passou a ser uma questão do mundo que há de vir, ao invés de reverberar neste nosso mundo, com suas alegrias e injustiças, com o seu potencial e as suas opressões, com os seus males e as suas glórias sociais. Os debates passaram a centrar no pecado e no sofrimento, nos mandamentos e nas punições, em realizar a vontade de Deus e merecer nosso lugar no céu. A felicidade eterna, não a felicidade terrena, converteu-se no novo objetivo.

Quase dez séculos transcorreram até que um olhar totalmente novo sobre o sentido da vida e a condição do ser humano emergisse. Com pouco ou nenhum alerta de sua chegada – mas estimulado pelo tumulto acadêmico e teológico causado pela Reforma Protestante no século XVI e a derrocada das monarquias no século XVIII – o tema felicidade irrompeu no cenário público mais uma vez, e ainda permanece conosco.

De fato, a felicidade se converteu na pedra de toque de tudo e em tudo foi exaltada – na poesia, literatura e homilias, no casamento, na música e na ciência política.

A produção literária dos filósofos da Grécia antiga ressoou tão recente quanto as notícias de ontem. E ainda mais! O neoclassicismo, esta nova interpretação de velhos conceitos ou princípios, se tornou o componente principal do pensamento Ocidental. E não há lugar onde isto esteja mais evidente do que nos textos oriundos da Revolução Francesa e na própria política filosófica de "vida, liberdade e busca da felicidade" sobre a qual os Estados Unidos da América, então uma nação nascente, se fundamentaria. A felicidade tinha se transformado num elemento básico do pensamento humano.

Outra vez a felicidade ganhava o *status* de fator político preponderante e de valor social do momento.

Os velhos questionamentos ressurgiram com redobrado vigor: O que, exatamente, era a felicidade? Qual seria a medida do seu significado? Como reconheceríamos a felicidade, caso alguma vez deparássemos com ela? Como poderíamos, cada um de nós, saber, com certeza, o que estamos procurando aqui, nesta vida, e quiçá encontrá-lo?

Essas indagações em nada mudaram. E permanecem inculcadas em nós hoje, na nossa própria era.

* * *

As pesquisas que pretendem medir o fator felicidade de indivíduos, grupos, estados ou até nações, estão baseadas em alguma coisa. Mas em quê? Um estudo – do tipo que parece bula de remédio explicando os efeitos da medicação – afirma, com bastante clareza, que os critérios usados para identificar a felicidade nas suas pesquisas pautavam-se nas respostas obtidas sobre emprego, impostos, níveis salariais e casa própria – um contraste absoluto com o enunciado de Aristóteles a respeito da verdadeira felicidade.

Serão esses elementos norteadores das pesquisas aquilo a que a sociedade – e eu e você – estamos nos referindo quando falamos sobre o que aspiramos enquanto buscando a felicidade?

E se não forem, o que devemos almejar agora? O que é realmente a felicidade hoje em dia? Os filósofos da atualidade também têm uma miríade de respostas. Escolher dentre elas com certeza irá afetar a percepção do mundo para as próximas gerações, tal como as escolhas dos que nos antecederam tiveram influência sobre nós.

Logo, quais são algumas das questões e quais são algumas das respostas? E onde você e eu nos achamos no meio disso tudo?

27
Felicidade e prazer

Numa pequena cidade da Austrália, o dono de uma fábrica de chocolate postava anúncios no jornal local quando pretendia fazer novas contratações e sempre finalizava o texto com a frase: "Os funcionários podem comer tanto chocolate quanto quiserem de graça". Ora, aquele parecia um privilégio adicional a um salário já generoso. Entretanto não demorava muito para os contratados notarem que, após as duas primeiras semanas de trabalho, quase ninguém mais andava comendo chocolate.

Não é que os empregados fossem altamente disciplinados, ou profundamente éticos. Longe disso. O dono da fábrica, sim, era um filósofo muito mais perspicaz do que seus funcionários, ou estes teriam percebido – bem antes de haverem sido admitidos – que não lhes fora oferecido benefício extra algum. Na realidade, o princípio filosófico em questão é bem simples: por mais que gostemos de algo, existe o chamado ponto de saturação. Além deste ponto, qualquer coisa – aliás, absolutamente tudo – deixa de ser aprazível. É o conhecido "Já chega!"

O prazer, nós viemos a constatar, é uma experiência em constante decréscimo. Cinco minutos girando loucamente num brinquedo do parque de diversões com certeza pode ser agradável, maravilhoso e excitante. Cinquenta minutos nesse mesmo turbilhão – com a cabeça latejando, o estômago embrulhado, o corpo rodopiando e a música trovejando – vira um suplício. No fim do dia, sinto-me feliz de haver ido ao parque, contudo, apesar de ter sido uma experiência deliciosa, guardarei também na lembrança os minutos penosos que nunca mais desejarei repetir.

Quando os anúncios na TV mostram praias distantes e redes balançando ao vento, é bastante improvável que alguém, na sua sala de estar e no auge de um rigoroso inverno, vá filosofar sobre a diferença entre prazer e felicidade. "Se eu pudesse estar num lugar como esse, num dia ensolarado, estaria tão feliz", suspiraríamos. Será que estaríamos mesmo felizes? De verdade?

Há séculos este questionamento tem atormentado os filósofos. E a resposta tampouco é explícita.

Todavia alguns aspectos são claros. Se a felicidade é um estado mental e o prazer uma reação física a um determinado estímulo, físico ou mental – do tipo, "Pensar em praia no meio do inverno pode ser um pensamento aprazível" – então felicidade e prazer são características da vida completamente diferentes. Se comer bombom me dá prazer, a primeira mordida, no primeiro bombom, é capaz de me levar ao êxtase. No entanto, a primeira mordida no quinquagésimo bombom não será prazerosa – seja a guloseima grátis ou não.

O argumento é o seguinte: as coisas que costumamos imaginar como aquelas que mais nos farão felizes, são as mesmas que, no final das contas, pouco prazer nos proporcionam. A felicidade é um estado geral de bem-estar, de contentamento pessoal, basal, é a consciência da "plenitude" da vida. O prazer, por outro lado, é uma reação física a uma ocorrência específica. Nenhum prazer pode ser prolongado indefinidamente. A despeito de quão deleitável este prazer tenha sido no início, é inevitável que acabe perdendo o seu principal atributo – a capacidade de atender aos nossos desejos desvairados, porém rapidamente saciados. Tão logo o desejo é satisfeito – insistir em continuar me coçando quando a coceira já passou, por exemplo, só vai me deixar irritado. Nada pode ser ininterruptamente saciado. Então, os filósofos nos advertem, começamos a correr atrás do próximo desejo a ser satisfeito.

Epicuro, pensador grego do século IV, nascido na Ilha de Samos, com frequência é acusado de identificar a felicidade exclusivamente com prazer. Mas isto não é verdade, visto a sua afirmação: "O prazer é a ausência de dor no corpo e de aflição na alma". A conjunção desses dois elementos é que faz a diferença. O prazer, argumentou ele, consistia numa parte necessária da felicidade, não obstante, o princípio e a finalidade da vida não se restringiam ao prazer físico. "Aquele que não é virtuoso não pode nunca ser feliz", escreveu o filósofo.

É evidente que Epicuro não era partidário do "epicurismo", doutrina assim – e erroneamente – denominada – em homenagem a ele. Epicuro acreditava no prazer, sem, todavia, defini-lo como mera sensação física. Segundo a sua perspectiva, a ausência de dores físicas devia ser acompanhada pela ausência de sofrimentos da alma para que alguém pudesse ser verdadeiramente feliz – ainda que aceitemos a ideia de que o prazer é o objetivo da nossa existência.

Tampouco há dúvida de que Epicuro tenha dito que "O prazer é a coisa mais importante na vida" e que não devemos nos sentir culpados por desejá-lo. Na realidade, são muitos os seus ensinamentos sobre o prazer, inclusive que aquilo que desejamos não raro costuma ser o que não precisamos.

Se a vida se resume em acumular tanto prazer físico quanto possível, nós nos perguntamos, com razão: faz realmente alguma diferença se necessitamos ou não do que temos – seja álcool, dinheiro, viagens ou drogas – desde que os consideremos agradáveis? Para Epicuro, isso importava muitíssimo, pois, na sua visão, o que de fato precisamos é de amigos, comunidades intencionais, convivência com pessoas com ideias semelhantes às nossas, ausência de carências, autossuficiência e uma existência reflexiva que nos permita distinguir os prazeres bons dos prejudiciais.

Movido pelo intuito de abarcar o que ele próprio definia como sendo os genuínos componentes da felicidade, Epicuro saiu da cidade e reuniu uma pequena e reclusa comunidade ao seu redor, concentrando-se em desenvolver os elementos da vida que recomendava aos outros. Eis o enigma: devemos nós agir de forma análoga?

Tal questionamento ocasiona alguns desafios substanciais nesta nossa era. Mesmo aquilo que Epicuro cita como deveras necessário – dependendo do que abrimos mão para obtê-lo – talvez, no fim, percebamos não ser o melhor para nós. Por exemplo, queremos ter amigos, entretanto, quando passamos grande parte do tempo indo a festas para conquistá-los, acabamos perdendo muitas outras coisas que nos são benéficas. Queremos pertencer a uma determinada turma, porém quão mais estamos bebendo para que sejamos aceitos? Queremos ser felizes, mas com que frequência nos perguntamos se comprar prazer está nos fazendo felizes de verdade, ou apenas nos distraindo, nos desviando do empenho de atingirmos a plenitude do nosso ser, a excelência racional que Aristóteles julgava essencial à felicidade?

Viver uma vida de prazeres – nós descobrimos graças a Epicuro – é um negócio muito sério porque significa pensar, cuidadosamente, sobre o que nos dá prazer na vida. Então precisamos observar, com extrema atenção, se esses prazeres estão nos conduzindo à felicidade ou se, a longo prazo, estão somente nos impedindo de alcançá-la – assim como chocolate em demasia nos provoca náuseas, assim como a gastança nos empobrece, assim como bebida em excesso nos deixa inconscientes.

Se de fato soubéssemos o que precisamos na vida, desperdiçaríamos pouquíssimo tempo com coisas cujo prazer efêmero nos leva a lugar nenhum, coisas que depressa se dissipam e que em nada contribuem para alavancar em nós a plenitude do nosso potencial. Nas palavras de Epicuro: "Não é possível viver prazerosamente sem viver com prudência, retidão e justiça; ou viver com prudência, retidão e justiça sem viver prazerosamente". Não se trata de um ou outro; trata-se de um e outro. E nisto consiste o grande desafio da "busca da felicidade".

28
A felicidade é buscada, não conquistada

Hoje pela manhã fiz uma pesquisa no Google sobre "a busca da felicidade". Encontrei 14.900.000 resultados. Ao digitar a expressão "a conquista da felicidade", surgiram 25.400.000 resultados.

Qualquer que seja a sua maneira de encarar o assunto, o fato é que muita gente anda à procura dessa plenitude de vida que os filósofos afirmam ser parte da essência do ser humano. E muita gente garante saber como chegar lá.

Algumas pessoas oferecem a plenitude existencial através de cursos focados na mudança atitudinal. Outras desejam nos ajudar a alterar nossas ondas cerebrais e há aquelas que querem nos pôr numa dieta. Qualquer que seja o sistema, a felicidade é um grande negócio. Mas será uma habilidade?

A mensagem é clara: a felicidade está relacionada à disposição de participar ativamente do processo de mudança de nós mesmos, caso ainda não nos consideremos genuinamente felizes. A felicidade, parece-nos óbvio, é uma escolha, um enfoque, uma disciplina, uma atitude mental. Entretanto a indagação perdura: será a felicidade realmente alcançável? Será que algum dia chegaremos a ser verdadeiramente "felizes" ou, melhor ainda, havendo atingido esse patamar, conseguiremos nos manter ali?

Se o questionamento é se a felicidade é ou não um estado permanente, a resposta, não raro, revela-se mais desconcertante do que a pergunta.

A maioria de nós aprendeu, em algum momento, que a felicidade, algum dia, seria imperecível – porém não neste mundo. Somente nalgum outro planeta, somente sendo alguém diferente do que somos, poderíamos, quiçá, almejar a felicidade eterna, totalmente livres da escuridão emocional. Contudo isso pouca orientação oferece, a você e a mim, na condução de nossas vidas. E mais, tal conjectura postula uma série de outros questionamentos para os quais, a despeito do quanto gostaríamos de ter respostas, encontramos poucas, ou nenhuma evidência, para analisar. Se pudéssemos, iríamos desejar nos ver completamente livres do sofrimento, da angústia, dos conflitos? Afinal, algum grau de negrume emocional costuma ser exatamente o empuxo de que necessitamos para buscar níveis mais elevados de felicidade. Lutei com a paralisia e as mudanças resultantes dessa enfermidade por quatro longos anos. Todavia, sem essas experiências e restrições, sem essas reavaliações da vida e alterações de rumo que me foram impostas, eu não estaria fazendo o que estou fazendo neste preciso instante, e que me enche de felicidade.

Ou será que beira mais a verdade, que seja mais realista, que esteja mais dentro dos limites da prática, aceitar a noção de que a felicidade simplesmente vem e vai? Talvez estejamos condenados a continuar perseguindo o inefável para sempre, como Sísifo, a quem os deuses castigaram sentenciando-o, por toda a eternidade, a carregar uma pedra até o cume de uma montanha só para que esta rolasse outra vez montanha abaixo quando ele estivesse quase chegando ao topo.

Esta é uma pergunta recorrente na filosofia e desde os primórdios dos debates filosóficos organizados tem sido um tópico que suscita opiniões divergentes.

Havendo salientado o conceito de que prazer e felicidade são coisas diferentes, os filósofos voltaram sua atenção para uma segunda questão filosófica: seria a felicidade uma qualidade inconstante e tênue da vida diária, ou a avaliação final de toda uma existência, conforme Aristóteles dera a entender? Se a felicidade é um atributo da vida cotidiana, então tudo o que necessitamos fazer para determinar se somos felizes ou não é contar os dias felizes e compará-los com o número de dias infelizes. Naturalmente o número maior vence.

Entretanto, mesmo assim, o que computaremos como felicidade – eventos momentâneos, ou as características de uma existência? Se eu fosse um jóquei ganhador de muitos prêmios e me tornasse um escritor laureado depois de uma queda que me deixara paralítico, me julgaria feliz, ou não? E se eu não fosse feliz quando o acidente acontecera e, por causa do ocorrido, sinto-me feliz agora? Ao examinar essas hipóteses, o que devo levar em consideração na escala dos acontecimentos? Considero-me feliz ou infeliz?

Os filósofos pelejam com as implicações de tudo isso. Se assumimos a posição de que somente eventos momentâneos contam como felicidade – isto é, surtos de emoções positivas ou sensações de prazer – então a felicidade realmente vem e vai e não pode ser alcançada. Tampouco esta é uma perspectiva aritmética ou cumulativa.

Neste caso, a felicidade se converte em algo efêmero, se reduz a instantes, nos chega sem que a percebamos e se esvai porque não pudemos exercer controle sobre o tempo. Como o dia do nosso casamento, talvez. Ou a manhã de Natal na companhia das crianças.

194

Se acatamos o que apregoa Aristóteles, que a felicidade é sempre algo pertencente ao passado – uma conscientização a longo prazo do impacto pessoal e condições de nossa existência em vez de meros acontecimentos isolados – podemos alcançar a felicidade, porém nunca saberemos quão felizes éramos até que estejamos no fim de nossas vidas. Encaixa-se nesse prisma, por exemplo, um casamento de 40 anos quando o casal, apesar dos altos e baixos, declara o quanto haviam sido felizes juntos, simplesmente formando uma família e criando os filhos. Ou as nossas lembranças da alegria de tantos Natais, quando observávamos as crianças da família irem se tornando mais e mais generosas, mais e mais amorosas com o passar dos anos. A felicidade nos surpreende com sua presença perene e subjacente, ainda que não tenhamos o *insight* ou a prática de percebê-la enquanto ela se desenvolve.

Thomas Hobbes, filósofo inglês do século XVII, concluiu que não obstante perseguirmos a felicidade, nunca conseguiremos alcançá-la. Nas suas palavras: "Não existe nada como tranquilidade perpétua da mente enquanto estamos nesta terra, porque a própria vida não é nada senão movimento, e os desejos jamais podem ser-lhe extirpados".

É evidente que Hobbes considerava a felicidade um estado mental, uma qualidade da alma, entretanto, porque viver implica mudanças, ele presumiu não haver nenhuma espécie de tranquilidade capaz de perdurar eternamente em face das contínuas dificuldades, perdas ou desilusões ao longo da jornada.

Tal presunção, todavia, deixa implícito que estamos à mercê de nossas fantasias passageiras, ou dos caprichos da vida. De acordo com este ponto de vista, o que quer que nos aconteça externamente altera o grau de nossa satisfação interior. Por esta ótica, somos reles folhas ao vento, vítimas do que ocorre ao nosso redor, apesar da força da alma que nos habita.

Esse argumento deveras nos parece superficial, e até enganoso. Quando a minha felicidade jaz numa futura programação de computadores que visa fazer com que a medicina seja mais eficaz para os pacientes, como pode a dor de uma cirurgia e de uma quimioterapia nos ser tirada? Se estou falando a verdade· quando afirmo que a minha felicidade está no convívio com meus filhos alegres e amorosos, então uma queda no mercado de ações com certeza não irá destruir esse relacionamento, ou a segurança emocional que esse vínculo me traz.

O problema é que Hobbes não se mostra apto a imaginar algo que seja maior do que a soma total das coisas com as quais a vida nos confronta. O que os poetas nos diriam a esse respeito seria, no mínimo, tão interessante quanto a própria teoria. Afinal, não sabemos todos nós o quanto o ser humano é capaz de renunciar, de suportar e de sofrer por amor? Quem de nós, alguma vez, não preferiu ter um pássaro na mão do que dois voando? Quem de nós já não escolheu trilhar o lento caminho do sucesso através da educação, ao invés de apelar para os jeitinhos e os empregos sem perspectiva de progresso, sentindo-se feliz com esta escolha a despeito de triturado pelas dificuldades?

O problema é óbvio. Se a felicidade é possível e passível de ser alcançada depende se a enxergamos como um estado mental ou como uma sensação, uma emoção, talvez não destituída de sofrimento, mas cheia de prazer duradouro e palpável. Será que, neste ponto da caminhada em que nos encontramos, podemos olhar para trás e exclamar que "foi bom", tal como Deus o fez a cada passo da Criação – segundo a narrativa do Livro do Gênesis? Será que ao olhar para tudo o que tem acontecido na minha vida, e avaliar as inevitáveis consequências, posso afirmar, assim como Deus, que "foi bom"? Será que posso olhar para o meu casamento e declarar no final das contas – qualquer que tenha sido o seu desfecho – que "foi bom"? Será que posso olhar para a vida, conforme a tenho vivido até hoje, e dizer que "tem sido bom"?

Neste caso, o alcance da felicidade está relacionado tanto com a maneira como administramos e avaliamos as nossas reações à vida quanto com todas as coisas específicas que nos tem acontecido durante a nossa caminhada. Os filósofos, através das eras, têm explorado essa possibilidade também, e a considerado intrigante – porém não inteiramente convincente.

Os estoicos gregos, trezentos anos antes de Jesus, eram filósofos que não se esquivavam de definir o domínio das atitudes, dos desejos, como o fundamento da felicidade. A vida virtuosa é a única vida feliz, ensinavam. A virtude moral é o único bem e tudo o mais na vida – *status*, honra e saúde – são neutros. A pessoa feliz é a pessoa boa.

Fale isto para as muitas pessoas boas que, em face aos problemas, às frustrações e à dor, sofrem exatamente pelo fato de haverem sido boas a vida inteira e, ainda assim, se acharem assoladas pela infelicidade. "O que será que eu fiz para merecer isso?", elas interpelam Deus, a vida e a própria bondade, como se a vida e a felicidade fossem um jogo de mérito, quando o melhor jogador ganha o prêmio felicidade.

Mais tarde, no século XIX, Immanuel Kant acatou essencialmente o mesmo conceito ao argumentar que a "boa vontade" é a fonte da felicidade. E nada mais. Nada mais importa. Contudo, se for este o caso, há uma infinidade de pessoas de boa vontade que vivem sentindo-se deprimidas, derrotadas e enraivecidas por lhes ter sido negado o direito à grande barganha da vida – a boa vontade em troca de uma existência livre de sofrimento.

Mahatma Gandhi, nesta nossa era, expressou o seu pensamento da seguinte forma: "Felicidade é quando o que você pensa, o que você diz e o que você faz estão em harmonia".

Portanto a questão permanece, para que a respondamos nós mesmos nos dias de hoje: O que significa ter "boa vontade", o que significa viver uma vida virtuosa, o que os filósofos apontam como sendo essencial para que alcancemos um estado permanente de felicidade?

Para esses filósofos, a felicidade vem de dentro para fora, não o contrário. No final, o que conta é o que está dentro de nós. Depois que consigo enfrentar e lidar com a dor e as dificuldades que a vida nos impõe – divórcio, abandono, falência financeira, ruína da reputação, perda da saúde – somente eu, e eu apenas, tenho alguma chance de fazer com que o fator felicidade renasça em mim. Todavia, para tal, preciso saber o que é a felicidade, do que ela realmente depende e o que eu devo evocar dentro de mim para torná-la possível outra vez.

29
A felicidade é possível, mas não garantida

É difícil esquecer aqueles momentos cataclísmicos da vida, quando tudo o que sempre havíamos julgado bom e belo, cativante e seguro, sólido e promissor, de repente chegou ao fim. Cessou. Extinguiu-se ou desapareceu, nos abandonou, nos deixou suspensos no ar. Precisamente quando nunca imagináramos que isto aconteceria.

Naqueles momentos terríveis, mais difícil ainda era pensar que a vida voltaria a ser como antes e que, talvez, poderíamos voltar a ser felizes um dia.

Nessas circunstâncias, toda a questão da felicidade se converte, na melhor das hipóteses, numa ficção e, na pior, num mito cruel e melancólico. Assim viemos a descobrir quão fácil é crer que a felicidade nada é além de uma miragem, de uma ilusão, de uma improbabilidade. Uma invenção nossa, para evitarmos admitir que a vida é, essencialmente, uma tragédia.

E, no entanto, a ideia da felicidade tem se agarrado à humanidade através dos séculos como um anjo tenaz em meio à escuridão.

Todos os filósofos antigos acreditavam que a felicidade era a finalidade natural da vida, porém, de um jeito ou de outro, cabia aos deuses a última palavra. A sorte e o acaso desempenhavam um papel importante, inclusive na perspectiva de Aristóteles, que reconhecia ser impossível alguém controlar os eventos externos, mas não a si mesmo.

No decorrer dos séculos, depois do período dos filósofos clássicos, o cristianismo também ensinou que qualquer que fosse a natureza da felicidade neste mundo, ela se destinava a todos nós e que devíamos viver pautados pelo bem neste mundo para sermos felizes no outro. Como essa percepção configurava uma realidade básica, admitida, a certeza de tal postulado implicava não haver nenhuma necessidade de debater o que estava por trás da dor e dos tormentos desta vida, ou o que significavam as dimensões continuadas, recorrentes e irracionais do sofrimento humano em relação ao conceito da felicidade.

Todavia, com as igrejas dilaceradas após a Reforma Protestante e a instabilidade das teologias, a natureza de o que consistia "uma vida boa" e a definição de virtude ficaram mais confusas do que nunca. O advento da Ciência e suas explicações das coisas naturais como sendo naturais – e não uma exibição de um Deus irado ou mal-humorado – instigou um ceticismo inédito a respeito de velhas concepções. O surgimento de uma nova classe média mercantilista – composta por aqueles que nada haviam herdado de seus antepassados, ou que não se sujeitavam aos "direitos divinos dos reis" – desencadeou uma onda de iniciativa e independência sem precedentes que varreu a Europa. Em qual sistema social confiar? Quais respostas aceitar automaticamente? Qual seria o segredo para se alcançar a felicidade quando tudo – seja lá o que fosse – parecia possível agora?

Toda a sociedade estava imersa num turbilhão – desdenhosa do passado, relutante e não mais disposta a aceitar muita coisa como incontestável. Cada um dos aspectos da vida – religião, governo, sistemas sociais e truísmos de qualquer espécie – passaram a ser repensados de forma sistemática. A felicidade não era mais uma questão de classe social. De fato, talvez fosse simplesmente uma questão de ser humano, ao invés de ser rico ou poderoso, pertencente ao clero, ou ao sexo masculino. Novas vozes se fizeram ouvir; novas ideias emergiram; um novo mundo começou a ser vislumbrado, um mundo mais feliz para todos.

Conceitos há muito tidos como absolutos estavam sendo revistos pela primeira vez em séculos e, exatamente como acontecera na Grécia, quando a influência dos antigos e caprichosos deuses minguara, a filosofia – a busca da essência da vida e da bondade baseada na razão e independente de religião – floresceu.

Tomás de Aquino, monge dominicano do século XIII e dono de um intelecto extraordinário, já havia integrado o trabalho de Aristóteles ao pensamento cristão. As noções de felicidade dos filósofos gregos – então já inseridos na vida intelectual europeia – tornaram-se acessíveis tanto como pano de fundo como um ponto de partida para o mais ambicioso projeto daquela era: o "projeto felicidade" inicial que iria, com o tempo, mudar o próprio fundamento e o objetivo dos governos.

No cenário religioso, os estrondos desse novo conceito não foram menos sísmicos. A resposta teológica à natureza da felicidade – uma vez elucidada – iria, ironicamente, se converter no ponto de partida para o recomeço: Deus desejava a felicidade para todos, a Igreja ensinou. Entretanto neste mundo, à luz dos desastres naturais e das injustiças sociais, o sofrimento era inevitável. Por conseguinte, concluiu a Igreja medieval, a felicidade chegava para aqueles que, a despeito da dor, viviam uma vida de fidelidade aos preceitos da Igreja, sendo-lhes, pois, prometida a felicidade no mundo que havia de vir.

Porém, quando a "Idade da Fé" se desintegrou – os séculos em que uma única perspectiva religiosa imperava na Igreja e na corte – a questão da felicidade ressurgiu, mais uma vez, na agenda intelectual europeia. A felicidade podia ser alcançada tanto nesta vida quanto na próxima? Em caso afirmativo, como?

Mais importante ainda, se a felicidade não fosse algo pertencente apenas ao mundo que haveria de vir – isto é, caso existisse mesmo algum outro mundo – o que tomaria o seu lugar? Os pensadores começaram a pensar o impensável: que bússola possuía o ser humano para navegar através da vida? Se, por quaisquer meios, por quaisquer que sejam as razões, nós, como cidadãos da Mãe Terra, somos simplesmente abandonados à nossa própria sorte num mundo caótico, com seus governos desastrosos, o que isto significaria para as nossas vidas, aqui e agora? A própria plenitude da vida dependia das respostas a estas indagações. Afinal, a própria felicidade dependia disso. E assim começou a busca de novas respostas que substituíssem as garantias de felicidade num outro mundo e as definições de virtude neste mundo.

Os efeitos dessa sublevação permanecem subjacentes até hoje, influenciando a nossa sociedade e as nossas vidas. Nós vivemos entre dois polos: "Tudo acabará bem..." e "De que adianta?" É sobre este despenhadeiro escorregadio que tentamos construir uma vida produtiva, mentalmente saudável e feliz.

"Tudo acabará bem..." é facilmente interpretado assim: se formos pacientes e soubermos aguardar tempo suficiente, talvez alguma coisa boa nos aconteça. Então nós nos tornamos geradores de uma espécie de existência "momento mágico". Vivemos a vida deixando de vivê-la. Nós nos entrincheiramos e esperamos as fases duras passarem, os momentos infelizes desaparecerem, a nuvem negra sobre a nossa existência vitimada se dissipar. Logo, a minha felicidade depende de outra pessoa, de alguma coisa fora de mim mesma. Portanto não tenho, absolutamente, nenhuma responsabilidade sobre a minha própria felicidade.

Mas esta não é a maneira de lidar com a infelicidade. Pelo contrário. Tal abordagem equivale a ficar imóvel enquanto o nível da água sobe, na esperança de que não chegue até o meu pescoço e não esboçando nenhuma tentativa de desalojar o obstáculo que está criando aquela situação.

Ser humano é buscar a felicidade, as pesquisas evidenciam. A Ciência afirma que nós tanto precisamos da felicidade quanto temos a capacidade inata de vivenciá-la. A Psicologia Positiva diz que somos capazes de aprimorar e intensificar a nossa própria felicidade. A Filosofia alardeia que a possibilidade de felicidade jaz nos objetivos que estabelecemos para a nossa vida. Conclusão: simplesmente não há nada a ganhar não tomando nenhuma atitude enquanto o nível da água continua subindo ao nosso redor. O que fazemos em circunstâncias semelhantes talvez não seja o melhor que poderíamos ter feito, porém, pelo menos, será em benefício da nossa plenitude humana e é muito melhor do que não fazer absolutamente nada.

Se a felicidade é para ser esperada também neste mundo e se, conforme argumentaram os filósofos gregos, existia alguma coisa além da sorte, do acaso, ou dos deuses, que nós poderíamos fazer por nós mesmos para alcançá-la, o que seria isto? As respostas jorraram em profusão, vindas de uma geração inteiramente nova de filósofos que não haviam sido criados no mundo monolítico dos deuses gregos ou no absolutismo cristão.

30
Felicidade e escolha

Num mundo cada vez mais flagelado pela guerra e pobreza, pela opressão e insatisfação popular, começaram a emergir perspectivas da felicidade que iam muito além dos pressupostos básicos perdurantes havia 1.500 anos. Os filósofos pessimistas do século XIX, por exemplo, não contestaram a definição ou as condições da felicidade; ao invés disso, contestaram a própria ideia de que a felicidade, nesse tipo de mundo, seria possível.

Arthur Schopenhauer e Friedrich Nietzsche – pensadores alemães proeminentes devido ao seu descarado repúdio à teologia cristã da felicidade – não estavam sozinhos nas suas considerações. O grande músico Richard Wagner, o logicista Ludwig Wittgenstein e o dramaturgo Jean-Paul Sartre, entre outros, em face aos massacres e holocaustos, partilharam suas perspectivas da vida como sendo uma existência estéril, cheia de misérias e em nada promissora. "Não há a menor dúvida", escreveu Schopenhauer, "que a vida nos é concedida não para ser desfrutada, mas para ser subjugada, superada". E insistiu: "Podemos encarar nossa vida como um episódio inútil e perturbador no repouso abençoado do nada".

De repente, na esteira das perplexidades e conflitos da sua época, os filósofos se tornaram verdadeiras centrífugas de depressão, atirando-a para todos os lados. A felicidade, outrora da alçada de outro mundo e não mais garantida, agora não podia ser encontrada absolutamente em lugar algum.

A felicidade, segundo Schopenhauer, dizia respeito, quando muito, à ausência de dor. A sina da humanidade resumia-se ao descontentamento neste mundo, sem nenhuma possibilidade de gratificação pessoal nesta vida e nenhuma esperança de uma vida que haveria de vir. Para manter tudo isso a distância, Schopenhauer aconselhava evitar o tédio através da busca incessante do prazer até que, por fim, a vida com todos os seus fardos se acabasse. E, principalmente – na visão do filósofo – nós deveríamos cultivar pouquíssimas expectativas para evitar o sofrimento proveniente da decepção de não conseguirmos satisfazê-las.

Norteados por este tipo de pensamento, toda a percepção de fronteiras pessoais se dissolve. Já não há mais limites para nada. Podemos fazer o que quisermos, ir aonde bem entendermos, nos apossarmos do que desejarmos, até nos sentirmos saturados de prazer e sufocados pela deglutição de coisas que não duram. A própria definição do que é ser humano – sem falar no que é ser feliz – se esvai na ânsia insaciável de ser "mais". A felicidade, na ótica aristotélica e cristã – de "plenitude e bem viver" – desaparece dentro do consumo do que é frívolo em prol do nada.

Uma espécie de hedonismo moderno ressurge em nós. A vida se transforma numa grande festa destinada a entorpecer a dor de viver e diminuir o seu rugido em nossos ouvidos. O raciocínio "Comer, beber e se divertir porque amanhã a morte chega" se converte no mantra daqueles que há muito se esqueceram das virtudes que os levaram ao patamar onde agora se acham. Com o passar do tempo, uma sociedade assim entra em declínio. O que mais tem a ser feito, senão permitir-nos afogar no nauseante perfume da dissipação moral de nossa própria filosofia de vida deturpada, uma vez trocadas a nossa força interior e idoneidade moral por excessos e uma existência sem sentido?

No âmbito pessoal, aprender a resistir à maré de prazeres desenfreados requer uma filosofia de vida constituída de atributos mais sérios e de uma reflexão mais ponderada. Neste ponto, a necessidade de distinguir felicidade de prazer transmuda-se em algo mais do que um joguinho de filósofos sonhadores, transmuda-se na própria essência da vida. Neste ponto, as escolhas filosóficas que a felicidade demanda se tornam reais, imperativas, supremas.

Na realidade, a natureza da felicidade torna-se uma preocupação moderna, exatamente como outrora o fora na Grécia.

A despeito dos filósofos que vinculavam a felicidade à virtude e à bondade, Nietzsche, tal como Schopenhauer, não via espaço para o que pensadores cristãos e gregos de outras eras denominavam felicidade. Ao invés de encontrar a felicidade na virtude, Nietzsche associava a felicidade ao poder e ao domínio da oposição. Nietzsche era o filósofo preferido de Adolf Hitler.

Nietzsche não buscava contentamento, serenidade ou virtude. Para ele, o ápice da vida estava na eliminação dos fracos e no desenvolvimento das artes como uma barreira entre o sentimentalismo e a beleza da vida. A misericórdia, essa virtude cristã, Nietzsche reputava como mais nociva à humanidade do que qualquer outro vício.

Para Schopenhauer e Nietzsche, nós somos os governantes desgovernados do universo do nosso eu. Diz Nietzsche: "Você olha para cima quando deseja ser elevado; eu olho para baixo porque estou elevado". Essa é uma filosofia de vida que evita as tradições e as perspectivas, a filosofia e os princípios morais do passado em benefício do eu. E Nietzsche prossegue: "A determinação cristã de achar o mundo feio e mau tem feito o mundo ser feio e mau".

Oprimida por uma sensação de pecado e culpa, a religião de eras passadas apenas impeliu o mundo a uma degradação ainda pior da raça humana. Por sua vez, isto provocou uma necessidade vertiginosa de escapar de tal visão limitada da vida. Agora, nem o pecado nem a culpa podiam controlar os desejos ilimitados de um mundo há tempo demais preso nas correntes de autoridades implacáveis. A própria noção de felicidade, como a placidez da virtude, tinha se desintegrado no ar.

O problema é que, havendo deixado pouco a ser almejado, além do poder e das artes, Nietzsche também extirpa do mundo qualquer causa a ser aspirada. Se o poder é a nossa única forma de felicidade, então, determinados a fazer deuses de nós mesmos, acabamos deixando na nossa esteira nada além de destruição e de uma ânsia por mais. Esta é uma incursão infindável pelas lutas e derrotas, com somente vitórias temporárias cujo preço é a própria felicidade que buscamos.

Nós nos transformamos em nações militaristas, em povos litigiosos, em sociedades autoritárias e culturas belicosas. Levados a escolher entre ser Atenas ou Esparta, escolhemos Esparta e gastamos todos os nossos recursos numa segurança, num poderio, numa resistência rígida que nos enfraquece internamente e que, por fim, nos submerge nos detritos dos confrontos externos. Nós amontoamos bombas nos celeiros ao invés de trigo. Nós armamos a população – de crianças pequenas a avós idosos. Nós gastamos mais dinheiro promovendo a destruição do que fomentando o desenvolvimento humano. E enquanto não pensamos em mais nada além de segurança, nos tornamos, ironicamente, cada vez menos fortes. Nossa infraestrutura desintegra-se, as artes destinadas a enriquecer nossa alma desaparecem, nossos serviços sociais, as ciências e o sistema educacional entram, vagarosa e rigorosamente, em decadência. Vamos ficando mais e mais fracos, a causa de nosso próprio declínio.

Não há nenhuma dúvida de que o pessimismo nos deixa sem nada pelo que viver e menos ainda o que desejar. Exceto, talvez, o desejo em si, o que, aliás, o converte num item de intenso interesse filosófico.

Schopenhauer afirma que a felicidade é impossível porque depende da satisfação de nossos desejos e de uma "ausência permanente da dor". Depende, portanto, do prazer, daquilo que os gregos chamavam de hedonismo, ou da pura busca da satisfação sensorial. O problema – continua o filósofo – é que mal havendo satisfeito um desejo, precisamos de outro para substituí-lo. Entram em cena o consumidor compulsivo, o chocólatra, o alcoólatra, o viciado em sexo, todos e cada um deles vindo a descobrir que a incapacidade de saciar seus desejos é a própria raiz da sua infelicidade.

Porém, a despeito de quão benéficos nossos desejos possam ser, o fato é que à medida que os satisfazemos, vamos sendo tragados cada vez mais pela ânsia voraz de conseguirmos gratificação sensorial, até que nossos prazeres passem a nos causar sofrimento, ou até que nos entediem tão logo os saciamos, os usamos e em seguida os descartamos. Neste ponto, reiniciamos todo o processo que, por fim, se converte num círculo vicioso e desencorajador, o resultado perturbador da enfermidade que assola a nossa alma.

Este é o padrão: uma bebida logo vira duas, vira três, vira quatro, vira insensatez. Compramos um vestido e uma bolsa. Não demoramos a nos convencer de que precisamos de um casaco novo para usar com o tal vestido e a tal bolsa. Aí percebemos que estamos infelizes porque não temos um chapéu que combine com essas peças. Eis, então, que acordamos numa certa manhã cientes de que mesmo em nós está à espreita uma Imelda Marcos com os seus 3.000 pares de sapatos.

Comportamo-nos como crianças que choramingam meses a fio pedindo um jogo de construir Lego e depois, frustrados pela complexidade do sistema, ou eufóricos diante da sua facilidade, acabamos enfadados e, sem nada mais o que desejar, nos pomos a choramingar outra vez.

Anos mais tarde, a criança que habita em nós repete o padrão: o carro, o carro maior, o barco, o apartamento de luxo, a jacuzzi, as joias de ouro.

Por outro lado, Nietzsche também afirma que a vida gira em torno do desejo, todavia não um desejo por coisas, por "determinados objetos". Segundo o filósofo, o ser humano deseja, essencialmente, o poder, a capacidade de fazer com que a resistência se dobre à vontade humana. O que quer que almejemos, argumenta Nietzsche, não almejamos aquilo por si só, mas o poder de obtê-lo. Na sua visão, a vontade carece de algo que lhe resista. O prazer e a felicidade derivam de nossa habilidade de impor nossa vontade aos outros para conseguir o que ambicionamos, qualquer que seja a natureza de nossos desejos.

Entretanto esse gênero de "felicidade" somente nos põe em eterna discrepância com o resto dos nossos dias. É uma posição de resistência perene em nome do "autodesenvolvimento", servindo apenas para nos colocar em desacordo com qualquer um que se atreva a ficar entre nós e a nossa aspiração de controlar o restante do mundo. A "felicidade", neste caso, acha-se enraizada numa luta perpétua e, com certeza, não é uma espécie de autocontenção que nos liberta do cativeiro do nosso próprio ego, ou que encontra repouso na serenidade de quem está satisfeito com o mundo do jeito que o mundo é.

Schopenhauer alega que precisamos de coisas para ser felizes; Nietzsche declara que precisamos de poder para ser felizes. No final das contas, as duas perspectivas cortejam o desespero. A concepção de Schopenhauer convida à desesperança porque a sua "busca da felicidade" é, na realidade, uma perseguição incessante de substâncias gratificantes que simplesmente não existem. Já o conceito de Nietzsche acena para o desalento porque uma "busca da felicidade" que requeira poder implica, obrigatoriamente, a "busca de inimigos", o que é, por si só, frustrante.

Estas não são "buscas" permanentemente felizes, tampouco destinam-se a sê-lo. Pelo contrário! Ambos são estados temporários, ambas são situações frustrantes – porém não porque desejar alguma coisa seja necessariamente errado. O fato é que o prazer oriundo desse tipo de desejo está fadado a desaparecer. Em algum momento, o poder nos escapará; mais cedo ou mais tarde as coisas que nos fazem felizes se esgotarão. Esse gênero de "felicidade" destina-se, no fim de tudo, a nos deixar infelizes. As coisas irão perder o poder de nos satisfazer para sempre. A procura da sensação de poder proveniente da superação da oposição deve, inevitavelmente, extinguir-se na medida em que temos sucesso nessa empreitada. Uma vez vencida toda a resistência, o que nos fará felizes então?

É uma grande ironia, um grande paradoxo, a busca ininterrupta de algo que, no fim, não irá nos saciar. Todavia, é por este mesmo motivo que algumas questões importantes, levantadas tanto por Schopenhauer quanto por Nietzsche, merecem a nossa reflexão enquanto ajustamos o nosso compasso através do tempo: a vida, devemos compreender, ou é maior do que as coisas e o poder, ou o seu valor é mínimo, ou nulo. Se apostamos todas as nossas fichas numa dessas perspectivas, se acreditamos, de verdade, que aquilo que não pode nos saciar permanentemente pode nos satisfazer de algum modo, não é de estranhar que tenhamos nos tornado, como Schopenhauer e Nietzsche, tão pessimistas.

31
Felicidade e direitos humanos

Ideias são coisas interessantes: crescem mais como erva-de-são-lourenço do que como árvores. Durante anos parecem crescer uns poucos milímetros. E então, de súbito, alastram suas raízes sob o solo rapidamente, até que seus tentáculos cubram acres inteiros. Assim, antes que você perceba, aquilo que nunca lhe tinha chamado a atenção está se espalhando por todo canto.

A ideia da felicidade tem obedecido a este padrão, juntamente com outras questões que hoje tomamos como garantidas, mas que foram polêmicas no princípio. A exemplo de casamentos alicerçados no amor romântico, a separação de Igreja e Estado, a abolição da escravatura, o fim da teoria da Terra Plana, evento que arruinou uma infinidade de mapas.

A felicidade, de certo modo, se imiscuiu sorrateiramente na raça humana após séculos de preparação para a sua chegada. A própria instituição que investira contra ela por tanto tempo – a Igreja – finalmente a redescobrira, alinhando-a à promessa do céu como recompensa de uma vida pautada pelo bem, à gloria da Criação e à proclamação das Bem-aventuranças, que compõem os preceitos fundamentais de Jesus para uma vida feliz. E mais! Com toda essa nova maneira de pregar, o próprio Cristianismo veio a abraçar – por intermédio de seus maiores teólogos, Agostinho e Tomás de Aquino – os filósofos gregos e o seu interesse de longo prazo pela relação entre felicidade e virtude. O resultado disso é que a aceitação tanto do estoicismo quanto do epicurismo cristãos – asceticismo e prazer – começaram a surgir lado a lado por toda parte.

Por volta do século XVIII, foram escritos mais ensaios sobre a felicidade do que sobre qualquer outro tema filosófico. Portanto, não é de se estranhar que os pensadores iluministas – com a sua valorização da razão como o único fundamento legítimo para a autoridade – apontariam o caminho para uma análise crítica e detalhada de todas as instituições tradicionais, costumes e moralidade.

Em 1784, Immanuel Kant, no seu ensaio intitulado *O que é o Iluminismo?*, desencadeou uma torrente de pensamento independente. "O Iluminismo", ele escreveu, "é a emergência do homem de sua autoimposta imaturidade resultante da sua falta de coragem de usar a razão, o *insight* e a sabedoria". O lema do Iluminismo, Kant insistiu, é *spare aude*, "ouse saber".

De repente, as velhas viseiras caíram por terra, as respostas institucionalizadas se tornaram suspeitas diante da inquirição individual e as pessoas se dedicaram à séria questão de como voltar a viver.

Assim, no decurso dessa espécie de revisão geral da condição humana e das instituições que a moldaram, a felicidade se converteu numa expectativa universal e adentrou, célere, no sistema social, nas igrejas, nos casamentos e na política. Aconteceu um florescimento da liberdade e do individualismo, da autoridade como serva ao invés de potentado. Era o alvorecer de um novo momento na história do mundo.

O filósofo inglês John Locke, no seu *Ensaio sobre o entendimento humano*, escrito em 1689, já havia enunciado aquela que se transformaria numa das mais célebres expressões da história humana, "a busca da felicidade". Disse ele: "A mais alta perfeição da natureza intelectual encontra-se em uma cuidadosa e constante busca da verdadeira e sólida felicidade". Esta percepção converteu-se na meta da democracia ocidental. Mais até, tornou-se a medida e o marco da vida moderna, um objetivo universal da política moderna e uma característica da civilização contemporânea.

E também se transformou num ponto de interseção entre a felicidade como fantasia e a felicidade como realidade.

Ao inserir uma frase de John Locke na Declaração de Independência dos Estados Unidos, em 1776, Thomas Jefferson fez uma potente consideração filosófica através de uma pequenina alteração do enunciado. Onde Locke redigira "vida, liberdade e propriedade", Jefferson, no melhor espírito do Iluminismo e sua ênfase nos direitos humanos, escreveu que os cidadãos tinham direito "à vida, à liberdade e à busca da felicidade".

A afirmativa de Jefferson conduz a uma séria reflexão: "propriedade" – segurança material e riqueza – não constitui a essência da vida. É ao redor da "felicidade" que o ser humano orbita. Porém, note bem: esta é uma alteração profunda. Embora tenhamos o direito de "buscar" a felicidade, não nos é garantido que iremos encontrá-la e tampouco é exigido que alguém testemunhe o fato de que a tenhamos alcançado.

Não são feitas quaisquer promessas aqui, tampouco falsas reivindicações – apenas se apresenta o conceito de que a felicidade é um objetivo meritório de uma vida; é uma dádiva e um guia; uma direção e um destino que caracteriza o ser humano como humano.

No instante em que Jefferson publicou a expressão "*a busca da felicidade*", a felicidade deixou de ser um exercício filosófico das elites intelectuais para ocupar o centro da arena pública de uma maneira que jamais ocorrera em qualquer organismo político até então. A busca da felicidade se transmudou num projeto público, numa obrigação governamental e numa medida de sucesso político.

Este foi um enunciado arrasador numa era que ainda estava no processo de tentar entender o que fazer com "o direito divino dos reis" e com as monarquias mergulhadas no autoritarismo e destituídas de liberdade pessoal.

E mais. A felicidade se convertera agora num projeto a longo prazo não só de toda mulher, homem e criança vivos, como também daqueles ainda por nascer. As pessoas estavam saindo da sombra de controles sociais opressivos para a luz do alvorecer que haviam criado para si mesmas.

Todo o sistema social fora posto de ponta-cabeça. A ideia que estivera fermentando nas bordas da religião e da filosofia, durante centenas de anos, irrompeu na esfera pública. O Utilitarismo, um novo movimento filosófico que sustentou ser obrigação dos próprios governos promulgarem somente leis que, nas palavras do fundador dessa doutrina ética, "garantissem o máximo possível de felicidade para o maior número possível de pessoas", tornou-se a medida de cada dimensão da vida.

"A busca da felicidade", assim como a ordem, a segurança pública e a liberdade, transformou-se numa medida da própria validade e eficiência de um governo. Os ideais do Utilitarismo brotaram por toda a parte e em todas as áreas – na realidade, continuam presentes entre nós.

A ideia da felicidade mudou a educação, o governo, o trabalho e o conceito do que era ser uma pessoa. Hoje, de formas nunca imaginadas no passado, a felicidade se tornou aquilo que Aristóteles sempre havia afirmado: "a finalidade e o propósito do projeto de vida".

Porém, há uma pegadinha. A questão central desse projeto não é se a felicidade é importante, mas sim de que tipo de felicidade estamos falando. Um viciado e um mestre zen definiriam a felicidade do mesmo jeito? Se não, a busca da felicidade de qual dos dois nós endossaríamos? Com que espécie de busca da felicidade nós nos comprometeremos ao longo da nossa vida? E por quê? De quem tiraríamos o direito de buscar a felicidade? E por quais razões?

As respostas a essas indagações alteram o modo como enxergamos a vida. Definem o que consideramos moral, ético e lícito, civilizado e cultural. Estas não são perguntas que competem apenas aos livros de filosofia. Não; o modo como respondemos a tais indagações irá se converter no fundamento de cada uma das instituições a que pertencemos. E isto está no âmago do Utilitarismo.

32
Prazer e felicidade: a diferença entre os dois

A "maximização do prazer" – a tese seminal do Utilitarismo – desencadeou um turbilhão de confusão e tensão no meio de uma sociedade que apenas começava a reconciliar-se com a ideia de aceitar a felicidade como o seu ápice e o seu sustentáculo. Se a felicidade constituía o propósito central da nossa existência, o eixo em torno do qual uma vida comum girava, então tínhamos outro problema. A respeito de qual dos dois tipos de felicidade – descritos inicialmente pelos gregos, séculos antes dos filósofos iluministas – estamos falando? A felicidade *hedonística,* ou a *eudaimonística*?

A hedonística, a primeira definição de felicidade, abrange a eliminação da dor e a maximização do prazer. Isto é, fazemos o que nos satisfaz – quaisquer que sejam os seus efeitos sobre nós mesmos, ou sobre terceiros. Se gosto de algo, este algo é bom para mim. Se algo me faz sentir bem, logo é bom. E, por conseguinte, é um valor absoluto aos meus olhos.

Jeremy Bentham, fundador do Utilitarismo, considerava a dor e o prazer os dois valores básicos e absolutos do mundo. Portanto, ele argumentou, é função do governo assegurar o máximo de prazer possível para a maioria das pessoas. Na sua percepção, o princípio do prazer devia ser a medida final e o árbitro de todas as decisões em todos os quesitos. "Que prazeres são esses" se transformou no xis da questão.

Afinal, a felicidade hedonística não está baseada somente no prazer físico.

John Stuart Mill, um dos mais eminentes pensadores da sua época e ferrenho apoiador de Bentham, esforçou-se para enfatizar que os prazeres espirituais, culturais e estéticos são superiores aos prazeres do corpo. Em outras palavras, ópera é um prazer mais refinado do que luta na lama.

A distinção pode ser sutil e até discutível, todavia o postulado é claro: existem alguns prazeres que simplesmente mobilizam mais da nossa racionalidade do que outros. Alguns prazeres utilizam-se de nossas faculdades mais elevadas do que outros. Alguns prazeres nos fazem mais plenamente humanos do que aqueles que nos suscitam meras reações físicas.

No meio de uma cultura que briga com a definição e aceitabilidade da "liberdade de expressão", por exemplo – com a distinção entre pornografia infantil e os *Nus* de Rubens – as diferenças entre esses dois níveis de prazer não passam despercebidas para as pessoas. Ou para os tribunais. Ou para a Igreja. E tampouco, na maioria dos casos, são ignoradas por pais que buscam cultivar em seus filhos tanto a apreciação por níveis mais elevados de prazer quanto a necessidade de desenvolver um grau mais elevado de reação.

O filósofo grego Epicuro, cujo amor pelo prazer é comum e incorretamente associado ao epicurismo – doutrina que se caracteriza por uma devoção desenfreada apenas ao prazer físico –, viveu uma vida de abstenções, centrada na reflexão e simplicidade. À pergunta de como uma pessoa deveria buscar a felicidade, Epicuro recomendava a adoção de um estilo de vida ascético.

Parece-nos, então, que a felicidade como prazer – pelo menos para os filósofos – é mais do que a mera gratificação dos sentidos. John Stuart Mill frisou a diferença dizendo: "É melhor ser um ser humano insatisfeito do que um porco satisfeito; melhor ser Sócrates insatisfeito do que um tolo satisfeito".

O conflito entre as duas perspectivas do prazer marca a história do Utilitarismo no mundo moderno. O que podemos permitir, em nome do prazer legítimo, e o que não podemos permitir, possibilita discordância entre duas interpretações igualmente corretas, porém opostas, do que significa legislar para "a maximização do prazer para o maior número de pessoas".

Tal impasse deixa a sociedade às voltas com uma série de perguntas sem respostas e com um número equivalente de possibilidades inesgotáveis. Para alguns, esta perspectiva implica atos como a legalização da maconha, por exemplo. Já outros irão requerer financiamento público para as artes. As pressões para a vigência de ambas abordagens aumentam a cada ano na esfera pública. Entretanto, no plano pessoal, a pressão pode ser ainda pior. Aprender a escolher entre as duas alternativas ou apoiá-las igualmente, exige muita reflexão sobre o verdadeiro significado da felicidade. E, principalmente, exige que direcionemos nossas próprias escolhas enquanto atravessamos a vida. Estamos dispostos a validar ambos níveis do prazer, ou somente um deles?

Se consentimos no que sabemos ser prejudicial ao florescimento de um ser humano, como é possível que estejamos legislando em favor da felicidade? Por outro lado, quem decide o que é ou não nocivo? Houve um tempo em que o divórcio, qualificado de pernicioso, era proibido. Num outro momento da história, via-se a agiotagem como exploração dos mais pobres e, como tal, uma atividade ilegal. Houve ainda uma época, mais próxima da nossa, em que se tentou proibir o consumo de álcool, enquanto a heroína e os analgésicos viciantes corriam soltos. Pois agora acontece exatamente o contrário.

Não resta a menor dúvida: uma reflexão séria sobre a diferença entre felicidade e prazer é um componente essencial da vida.

O que hoje temos certeza é que os prazeres físicos empalidecem rapidamente. Esses são prazeres que se recusam a nos satisfazer por um longo período. São prazeres que nos impelem a buscar experiências mais intensas, reações físicas mais fortes e a total saciedade, que confundimos com satisfação.

Além de tudo, prazeres físicos em excesso acarretam, em quase todos os casos, grandes riscos para a saúde física, para a estabilidade mental e o bem-estar geral e para o comedimento moral. São prazeres que – pelo menos no início – tanto põem as pessoas em perigo quanto as deleitam. Estes não podem ser os constituintes da felicidade.

Assim, diferentemente de Bentham, Mill se concentrou mais na maximização da felicidade – aquilo que Aristóteles ensinou como "a plenitude e o bem-viver" – ao invés de na busca do prazer. Todavia muitos de nós aprendem, tarde demais, a distinção entre prazer e felicidade. Aceitamos, como fato consumado, que o que nos faz sentir bem deve ser bom para nós. Não obstante, este é um caminho muito curto. O preço da busca pessoal do prazer, apenas, pode ser alto demais. Ao invés de desenvolvermos um gosto refinado, corremos o risco de nos tornarmos glutões. Ao invés de amor, vamos atrás da luxúria. Ao invés de segurança, alimentamos a ganância.

Quando, enfim, descobrimos que aquilo que achávamos que iria nos fazer felizes – o carro maior, a casa mais cara, as roupas de grife, as joias mais vistosas, a variedade de comidas e bebidas –, quando percebemos que comprar mais de tudo isso não contribui em nada para aliviar a dor que nos assoma quando os prazeres já não nos saciam e a perseguição de outras emoções nos esgota, nos damos conta de que estamos de volta ao ponto de partida. Então é hora de nos perguntarmos, repetidas vezes se necessário: O que é a felicidade e como alcançá-la?

Um dos principais efeitos da formulação de Bentham sobre o princípio do prazer é haver lançado o mundo à procura de outras definições da felicidade além de mero prazer. Cada um de nós é desafiado a elaborar outros critérios de avaliação de comportamento, inclusive o nosso próprio. Precisamos considerar as consequências de nossas ações sobre os outros. Precisamos questionar a nós mesmos se realmente temos um "direito" de chafurdar em prazeres que poluem, física, cultural e espiritualmente, o ambiente ao nosso redor. Precisamos nos debruçar sobre os valores sobre os quais estamos alicerçando nossa vida e nos indagar como é que a comida se tornou mais importante para nós do que a prática de atividades físicas, como é que o álcool se tornou mais importante do que a sobriedade, o eu mais importante do que a família. Temos que ponderar se os valores não são um parâmetro de escolha mais importante do que o prazer por si só.

Lembremo-nos de que os gregos definiam a eudaimonia como a felicidade fundamentada no "espírito divino", um estado de plenitude tamanho, que as reações do ser humano são as mais elevadas de que ele é capaz. Esta, dizem os sábios, é a felicidade que estamos realmente procurando. Esta, afirma Aristóteles, é a felicidade que permanece.

A meta suprema da vida é a busca da felicidade que perdura quando as sensações desvanecem. É esta felicidade que põe um sorriso no rosto do pobre, que leva o rico a ser generoso na doação, que faz com que o asceta não se interesse pelas coisas materiais. E nos maravilhamos diante de tudo isto. É por esta liberdade de espírito e fortaleza da alma que ansiamos pois, se as temos, não há amontoado de privações materiais que possam nos destruir, ou de prazeres físicos que possam nos distrair.

Felicidade:
a eterna meta

33
A vida boa: a felicidade que perdura

Talvez a mais intrigante dimensão da questão da felicidade seja o fato de que este é um dos mais duradouros tópicos de todos os tempos. Cada uma das gerações a busca. Cada uma das civilizações a define para si. E cada ser humano precisa responder a esta indagação sozinho e individualmente. Dizem-nos os cientistas que somos programados para a felicidade, porém está claro que, programados ou não, ainda é provável que passemos quase a vida inteira tentando entender o que é a felicidade para nós.

Aproximadamente 2.300 anos atrás, o pensador grego Aristóteles, na sua própria busca do significado da felicidade, analisou todas as esferas da existência humana. O significado da felicidade em cada dimensão – crescimento emocional, percepções racionais e obrigações morais – era, simultaneamente, diferente e idêntico. O que é necessário para cada aspecto da vida, argumentou o filósofo, tem como objetivo servir ao mais sublime propósito da nossa existência.

A felicidade – segundo Aristóteles e outros filósofos – está associada com fazer o bem e o bem viver. Porque somos seres dotados da capacidade de raciocinar, ser feliz implica atingir o mais alto grau de excelência em conformidade com a razão. O jogador de basquete se empenha o máximo possível para aperfeiçoar as suas habilidades, para vencer, mas não dando rasteiras nos adversários. Então como? O que é a "excelência em conformidade com a razão"? E, principalmente, como alguém pode saber, por este critério, se é feliz ou não? A felicidade resulta de viver uma vida de prazeres, uma vida de atividades produtivas, ou uma vida de reflexão filosófica?

Aristóteles estabeleceu uma distinção entre o que é sentir-se bem num determinado nível e o que são os bens maiores, mais pertinentes à nossa natureza, em outro nível. Ele sabia que o que nos faz felizes numa dimensão da vida podia perturbar o equilíbrio e a funcionalidade de nossa existência em outras áreas. Àqueles que definiam a felicidade como busca do prazer, como um viver bem e livre do sofrimento, Aristóteles se apressou a salientar que os prazeres ocorriam em dois níveis. Num deles, o aspecto físico imperava. No outro, o estético, a apreciação do belo, nos deixava fascinados.

O pensador enfatizou haver uma diferença entre a espécie de felicidade decorrente de comer uma barra de chocolate e o impacto físico de se sentir arrebatado diante de um glorioso pôr do sol. Esta é a distinção entre a excitação causada pelo sexo, drogas, álcool, e o impacto de uma música grandiosa, das manifestações artísticas, do poder da natureza, do ritmo da poesia.

À luz do raciocínio de Aristóteles, compreendemos que os animais saboreiam um osso tal como nós saboreamos um filé, todavia os animais não podem analisar literatura, ou preferir uma sinfonia à outra. Há prazeres e prazeres. Alguns satisfazem ao que há de mais elevado na natureza humana. Entretanto, nenhum desses dois tipos de prazer é permanente.

Portanto, confundir felicidade duradoura com estimulação continuada de prazeres físicos sempre fadados a esvanecer – em qualquer um desses dois níveis – é nos condenar à frustração. O viciado em drogas tem muito do cérebro degradado e desperdiça demasiados aspectos da sua existência para se considerar genuinamente feliz, realmente contente, profundamente satisfeito com a vida e tomado de uma sensação de bem-estar que lhe proporciona segurança.

Em resumo, a felicidade, na perspectiva aristotélica, tem que ser mais do que física, caso contrário serão muitos os elementos da condição humana – como amizade, coragem, sabedoria e excelência, como o amadurecimento da plenitude de nossa humanidade – que não apenas acabarão ignorados, mas colocados em perigo também.

São as virtudes, a fortaleza da alma, conforme nos ensina Aristóteles, que complementam a busca da felicidade. É o desenvolvimento do que há de melhor na nossa natureza – e não o que há de pior, ou de mais ignóbil, ou de mais baixo – que nos faz efetivamente felizes. A virtude – autocontrole, coragem, justiça, as qualidades da mente e da alma – é a verdadeira medida da eudaimonia, da felicidade, do bem viver.

Para Aristóteles, a virtude é a nossa própria recompensa e essa recompensa se traduz em contentamento e serenidade, em plenitude e integridade, em autenticidade e na sensação de estar no comando de nós mesmos em todos os momentos, em ser, nas palavras de William Ernest Henley, "o capitão de nossa alma". "Sejas fiel a ti mesmo", Shakespeare escreve, "e então jamais serás falso com ninguém". Assim, pautar-se por essa retidão, a despeito da profunda determinação exigida, a despeito da desmesurada constância demandada em face da pressão social, nossa alma encontra repouso em nós.

E é isto que nos livra de nos tornarmos servos de nossos "demônios" interiores, dos espíritos inferiores que nos tentam a aceitar menos de nós mesmos, que nos deixam viver apenas no limiar da satisfação e apreciação, muito aquém do que a alma humana requer para ser inteira.

É isto que significa viver uma vida além da mera perseguição ao poder e à riqueza. Esta é a marca daqueles cujo senso de honra jaz dentro de si mesmos e não é procurado na aprovação de terceiros. É isto que faz de nós adultos completamente amadurecidos, verdadeiras imagens de sabedoria e, por fim, realmente felizes.

É este comprometimento com o nosso eu mais elevado que nos salva das garras do constrangimento; é o que nos protege da dor de perder aquilo para o qual fomos criados, mas que não temos buscado; é o que nos acautela contra a praga do "se ao menos...", que pode assolar a todos nós até o dia de nossa morte.

Amar o prazer sem todavia depender dele como a medida da felicidade, o bem viver tanto quanto fazer o bem, o empenhar-se para alcançar a excelência em tudo o que realizamos e permanecer firme na virtude diante do mal – nos ensina Aristóteles – é o *summum bonum* – o bem supremo, a vida verdadeiramente grandiosa, a condição, profundamente feliz, de estar vivo.

Está claro que a felicidade não é uma paixão desenfreada, ou um deleite vertiginoso num mundinho cor-de-rosa. A felicidade é um estado mental resultante do senso de retidão espiritual e de um propósito transcendente na vida. É o que confere significado à vida, uma razão para nos levantarmos a cada amanhecer. É o que nos concede a bússola que nos guia em nossas escolhas e incita os nossos passos todos os dias.

De outra maneira, Aristóteles nos adverte, podemos facilmente afundar num redemoinho de prazeres destituídos de intuito. Uma vida perdida. Uma existência vazia. Uma confusão entre coisas e felicidade.

Diferentemente do prazer, que nos abala com uma explosão súbita de sensações e se esvai tão depressa quanto chega, a felicidade é um estado da alma, uma qualidade do espírito. A felicidade nos transporta para além e adiante dos tempos difíceis, confiantes na autenticidade do que estamos fazendo e em quem estamos nos tornando. A felicidade, então, às vezes pode ser apreciada apenas quando olhamos para trás, para todas as épocas da nossa vida e exclamamos – em uníssono com o Deus que nos criou – "Isto é bom!"

34
Religião: um dedo apontando para a lua

A Sociologia nos diz muito sobre o que as pessoas esperam da vida. A Neurologia nos dá ainda mais informações sobre o papel do cérebro no controle dos nossos sistemas emocionais. A Psicologia, nos últimos anos, tem começado a se concentrar mais em como podemos lidar com a vida de maneiras mais equilibradas e positivas do que recorrer a mecanismos de defesa nocivos e a paradigmas inúteis para encarar as vicissitudes da caminhada. Os grandes filósofos criticam-se uns aos outros e a vida em geral, com as suas variadas definições dos componentes da felicidade, e julgam caber a nós escolher aqueles que nos agradam.

Entretanto, há algo mais que precisamos ponderar: o quê, de fato, uma pessoa comum aprende sobre a felicidade através da religião, a única disciplina cujo propósito absoluto consiste em descrever a felicidade eterna?

Os contadores de histórias construíram as seguintes narrativas:
> Era uma vez alguns discípulos que imploraram ao seu mestre, velho e doente, para não morrer.
> – Se eu não me for, como vocês conseguirão enxergar? – o mestre os questionou.
> – Mas o que é que talvez possamos vir a enxergar com a sua morte? – teimaram os discípulos.

Com um brilho no olhar, o homem santo respondeu:
– Tudo o que algum dia fiz a minha vida inteira foi ficar sentado nesta ribanceira, distribuindo água do rio. Depois que eu me for, tenho confiança de que vocês notarão o rio.

A verdade é que o que os mestres nos ensinam enquanto vivos é uma coisa; outra bem diferente é a qualidade do seu legado, do que nos deixam para refletir pelo resto de nossos dias. A religião é a instituição que tenciona nos ensinar aquilo que é necessário para nos guiar através de toda a nossa existência. Porém, o que será isto?

O que a religião enuncia sobre a felicidade? E o que afirma está em conjunção com o que as ciências sociais e os filósofos têm a nos falar sobre o que significa viver uma vida feliz?

Uma segunda história nos chama a atenção para o desafio real, enfrentado pelas pessoas comuns, de identificar por si mesmas os elementos da felicidade.

Disse um peregrino ao homem santo:
– Mestre, estou decidido a viver uma vida espiritual. Posso me tornar seu discípulo?
– Você só é discípulo porque os seus olhos estão fechados – retrucou o sábio. – O dia em que os abrir, você verá que não há nada que possa aprender de mim, ou de outra pessoa qualquer.
– Se for assim – persistiu o peregrino –, de que serve um mestre então?
– O propósito do mestre é fazer você enxergar a inutilidade de ter um mestre.

A religião, diferentemente de quaisquer outras organizações do planeta, se propõe a nos ensinar como viver, como realizar escolhas e chegar a decisões que nos são, no fim de tudo, eternamente benéficas. Apesar de ter se imiscuído em outros organismos ao longo do caminho, a religião não é uma questão de governança, segurança econômica, relacionamentos interculturais, ou crescimento nacional. A religião é a única instituição do mundo que não só faz da felicidade a sua prioridade, como a leva a sério. Na realidade, a religião coloca a felicidade em primeiro lugar na sua agenda, à frente de tudo. A religião pretende ocupar-se do que Aristóteles insistiu ser a própria essência da felicidade – o significado e o propósito da vida.

As grandes figuras religiosas e os textos sagrados de todos os tempos e tradições – mediante as suas avaliações da vida como nós a conhecemos e do ser humano conforme eles o definem – estabelecem, pelo menos indiretamente, quais aspectos da vida os peregrinos devem considerar na sua "busca pessoal da felicidade".

A pergunta a cada um de nós é clara: em que medida a religião, qualquer que seja ela, nos exige e nos direciona para aquelas dimensões da vida que nos tornam pessoas mais plenas, mais humanas? De que forma uma determinada religião nos confere mais certeza sobre de que se trata a vida? Se a religião está relacionada à felicidade então deveria, sem sombra de dúvida, nos fazer mais felizes na nossa capacidade de manifestá-la.

Todas as religiões pretendem ser uma teologia tanto quanto um estilo ou filosofia de vida e, por esta razão, os questionamentos que suscitam acerca da felicidade proliferam: até que ponto, por exemplo, a religião nos capacita viver a vida em plenitude? Até que ponto a religião nos encoraja a buscar a felicidade aqui e agora, tanto quanto em alguma outra vida que há de vir?

O sofrimento é inerente à condição humana, bem o sabemos. Não obstante, é a religião que nos diz como devemos encará-lo. Se a religião reputa o sofrimento como algo que nos é benéfico, isto significa que irá glorificá-lo? Se a religião enxerga o sofrimento como um mal para nós, isto significa que irá rejeitá-lo?

Estas são indagações cruciais porque a maneira como a religião lida com o sofrimento acabará influenciando a maneira como nós lidamos com o sofrimento – seja o nosso próprio ou o alheio.

E ainda mais, é importante saber se o sofrimento constitui, efetivamente, a finalidade e o objetivo da religião para que possamos ser purgados do que quer que tenha nos corrompido.

Por outro lado, se o prazer é um aspecto aceitável da religião ou, de modo algum, admissível, nossa existência acabará sendo talhada por uma dessas perspectivas. Se o prazer é visto como certo ou errado, o que nos acontece como resultado de uma ou outra percepção marcará nossas próprias escolhas para sempre.

A verdade é que a religião molda atitudes, nos encaminha para os elementos da vida que deveríamos estar desenvolvendo, ou então nos corta o acesso a alguns deles. A religião pode tanto fomentar o nosso amadurecimento como agentes morais e adultos espirituais quanto suprimir a nossa imaginação religiosa, transformando-a em servidão religiosa.

Cultivar dentro de nós a capacidade de distinguir uma perspectiva da outra está associado a nos tornarmos psicologicamente sãos e filosoficamente perspicazes.

O que a religião nos ensina sobre a felicidade e como alcançá-la irá, no final das contas, forjar os nossos próprios conceitos sobre a vida e o amadurecimento. E, possivelmente, nos guiar através da escuridão da dor, nos permitindo perceber os prazeres capazes de oferecer mais do que um tédio maçante, ou um desenvolvimento espiritual insuficiente e imaturo.

O papel e o lugar da religião na existência humana promovem um impacto pessoal e social. A definição que a religião faz da felicidade, e do caminho para alcançá-la, não constitui uma preocupação insignificante para o mundo. É algo que nos revela muito sobre nós mesmos e mais ainda sobre o Deus em quem todos nós acreditamos mas não conseguimos ver exceto, talvez, nas sombras que lançamos uns para os outros em virtude da religião que dizemos professar.

35
Hinduísmo: a única coisa necessária

O hinduísmo, a primeira grande tradição religiosa do mundo, costuma ser designada como a religião viva mais antiga do planeta. Chamada de "a lei eterna" por seus adeptos, tem escritos datados de mais de 5.000 anos, com registros dos ensinamentos de homens santos hindus e de gurus através das eras.

Os quatro principais textos religiosos em particular – *Vedas*, *Upanixades*, *Bhagavad Gita* e *Mahabharata* – compõem a base dos *insights* milenares do hinduísmo sendo, ainda hoje, dominantes em cada uma de suas seis distintas escolas de espiritualidade. Os escritos sagrados abrangem teologia, filosofia e mitologia, concedendo assim ao hinduísmo uma história de pensamento sem paralelo em quaisquer outras das principais tradições religiosas.

Entretanto temas distinguíveis são constantes. Esses tópicos constituem uma visão de mundo que tem prevalecido na Índia desde tempos imemoriais mas que são, de alguma maneira, mais relevantes agora do que nunca.

Nesta nossa era industrial, quando o mundo luta com questões da filosofia ecológica, o hinduísmo reafirma, consistentemente, a santidade da criação. Este é um posicionamento que tem moldado o estilo de vida dos hindus através das gerações.

Mil anos atrás, diante do declínio da agricultura devido à matança de vacas e ao consumo de carne, os sacerdotes brâmanes enfatizaram a relação entre animais e pessoas e proibiram a matança de vacas a fim de salvar uma sociedade agrícola que se encontrava em rápido declínio. A consciência dessa relação ecológica tem, ao longo do tempo, se tornado um estilo de vida e um sinal tanto de nossa responsabilidade pela criação quanto da contribuição dos animais para o equilíbrio do planeta. Este é um modelo vivo da interdependência entre humanos e todas as coisas vivas num mundo que está rapidamente destruindo o fio da vida que liga os seres humanos e a natureza.

A "vaca sagrada" da Índia, por exemplo, é um ícone da generosidade e do amor compassivo de Deus pela humanidade. A vaca é a resposta a todas as necessidades humanas. É um animal que proporciona transporte, subsistência agrícola, comida para os seres humanos e, até na morte, nos fornece artigos e peças de couro para nos proteger das intempéries.

Para o hindu, o mundo é uma extensão do corpo de Deus e, portanto, sagrado em todas as dimensões. Esta é uma lição para ser levada a sério neste momento da história, uma lição que poderia, hoje, muito bem afetar a felicidade e a vida boa de todas as pessoas, em todos os lugares.

O hindu desafia a tendência nuclear deste mundo – de resolver os problemas contemporâneos lançando mísseis de cruzeiro – mantendo-se fiel a um de seus principais princípios religiosos, o comprometimento com o *ahimsa*, ou a não violência.

O comprometimento do hindu com a criação – como uma emanação da própria substância de um Deus Criador – faz de todos nós um só. Por conseguinte, tratar o outro com violência é ser violento com o próprio Deus que nos criou.

Por fim, o hinduísmo vê Deus em tudo e em todo lugar. Embora aos olhos dos ocidentais os seguidores dessa religião possam parecer pagãos em virtude de seus 330.000.000 deuses e deusas, a verdade é que os hindus são essencialmente monoteístas. Existe um só Deus, o hindu o sabe bem, porém não há uma única forma, ou nome, ou definição capaz, talvez, de abarcar a bondade e a manifestação desse Deus. Todos os deuses hindus são simplesmente lembretes das formas ilimitadas através das quais os atributos de Brama, o Deus único, podem ser percebidos.

Reflita sobre este texto encontrado nos *Upanixades:*

> – Quantos deuses existem? – indaga um peregrino ao sábio.
> – Existem 3.306 – o sábio retruca.
> – Sim – devolve o peregrino. – Mas quantos deuses existem?
> – Existem 33 – responde o sábio.
> – Mas quantos deuses existem? – o peregrino pressiona.
> – Existem 6.
> – Mas quantos deuses existem? – continua o peregrino.
> – Existem 3.
> – Mas quantos deuses existem? – o peregrino insiste.
> – Existem 2.
> – Mas quantos deuses existem? – o peregrino interpela o sábio.
> – Existem 1 e meio.
> E por fim, suplicante, o peregrino pergunta:
> – Quantos deuses existem?
> – Existe um – responde o sábio.

A questão é que há uma multiplicidade de formas e nomes do Divino; todavia, ao mesmo tempo, há apenas e sempre a Unidade do Divino.

As imagens aparentemente diversas, afirma a Professora Diane Eck, na realidade são fundamentalmente uma só, da mesma maneira que a argila é a mesma embora tenha muitos nomes e formatos diferentes – como pote, tijolo, vaso, prato, tigela –, ou da mesma maneira que o sol reflete igualmente em mil vasilhas de água, a despeito de ser o mesmo sol. O que acontece é que a luz do sol refrata-se em cada recipiente de uma forma distinta.

E é a este Deus único – cultuado muitas vezes em suas inúmeras características – que cada vida hindu é direcionada e sintonizada.

A *moksha* – a libertação do ciclo do renascimento e da morte, destinado a nos tornar dignos de ser libertos da vida humana para viver a vida com o Divino – é a felicidade máxima a qual o hindu se esforça para alcançar.

Em seu respeito pela diversidade e na sua capacidade de enxergar Deus em todo lugar e em todas as pessoas, o hinduísmo estabelece a base para uma felicidade enraizada num mundo que é integrado, tolerante com a diversidade e não violento.

O que tudo isto tem a dizer sobre a vida individual dos hindus depende, é claro, das implicações destes elementos na sua definição pessoal de felicidade. Então, a busca particular da vida boa é ou possibilitada, ou limitada, pelos preceitos religiosos que regem cada pessoa.

36
Hinduísmo: a medida de uma vida feliz

Se, como diz Aristóteles, a felicidade é algo mais e além de quaisquer condições externas – riqueza, poder, beleza ou *status* – então o hindu partilha da mesma paixão por aquilo que o filósofo grego chama de "vida bem vivida". O hinduísmo, a despeito de considerar o sofrimento uma parte natural da nossa existência, está determinado a deleitar-se com as benesses da vida tanto quanto suportar as suas agruras.

O hinduísmo ensina que há mais na vida do que posses, embora isto não signifique ignorar os bens mundanos. Na realidade, todas as dimensões da vida estão destinadas a ser usufruídas. Nós devemos apreciar as coisas boas da condição humana e as manter equilibradas a fim de que nada nos aprisione ou nos iluda, fazendo-nos correr atrás de objetivos menores. Todos os aspectos da vida são para ser buscados, aproveitados, desfrutados, porém apenas visando atingir o desígnio supremo da nossa existência, que é o desenvolvimento pleno da alma.

O hinduísmo reconhece quatro propósitos ou objetivos – os *purusharthas* – da vida e cada uma dessas dimensões – *dharma*, *artha, kama* e *moksha* – está associada à preocupação de Aristóteles quanto à plenitude e o bem viver.

Cada um dos *purusharthas* tem lições a nos ensinar e alegrias a nos oferecer. Cada um deles destina-se a nos ajudar a crescer até o ponto em que a procura da libertação desta vida se transforma no nosso mais completo e intrínseco projeto, a coroa de nosso desenvolvimento aqui e para todo o sempre.

A maneira como cada uma dessas metas é encarada, as atitudes que tomamos em relação a elas, a sinceridade com que as abordamos, constituem mais um passo além das seduções da vida que tornam a verdadeira felicidade impossível. Estes são objetivos de vida, não competições espirituais que qualificam alguém, matematicamente, para a libertação. Pelo contrário, são propósitos que preparam a alma para buscar a libertação com todas as suas forças de modo que quando esta ocorrer, a pessoa está pronta para vivenciá-la.

O objetivo de vida prioritário do hinduísmo é abraçar o *dharma*, a grande lei da vida.

Talvez o mais perto que um ocidental possa chegar de entender, de fato, o significado de *dharma*, seja perceber que, apesar de implicar retidão – uma vida íntegra – não se trata de mera adoção de regras religiosas, ou devoções piedosas. É claro que isto está implícito, porém *dharma* expressa muito mais, visto englobar o cultivo da fé, a lei sagrada, justiça, ética e dever de acordo com as obrigações dos devotos pertencentes a uma determinada casta.

Dharma é a soma total da entrega da mente e do coração às coisas de Deus; é o alicerce da vida bem vivida à sombra dos Vedas – as Escrituras Sagradas – e sob a orientação dos grandes líderes espirituais que antecederam à nossa própria geração.

Dharma é a força que mantém, neste estágio inicial da vida, tudo em seu lugar, em ordem e com justiça para todos.

Artha está relacionado com a riqueza e segurança. O hinduísmo nunca duvida do valor e da contribuição das posses materiais para o bem-estar de uma pessoa. Todavia os hindus sérios não buscam a riqueza pela riqueza em si. O propósito da riqueza é assegurar a felicidade de outros, tanto quanto atender às necessidades do eu.

Enriquecer honestamente e o bom uso do dinheiro são dimensões importantes do *artha*, cujas almas gêmeas são a generosidade e compaixão. Alguns de nós devem estar preparados para cuidar daqueles que não podem cuidar de si mesmos. Todos nós estamos aqui para nos salvarmos uns aos outros.

Não obstante envolver simplicidade, desapego e segurança, *artha* não constitui um comprometimento com o ascetismo, ou com a pobreza voluntária. Ser capaz de cuidar de si é uma contribuição à sociedade. A riqueza é uma forma de energia divina e um sinal do Deus da abundância.

Kama é o reconhecimento do papel adequado do desejo na vida humana e o empenho de conservá-lo dentro de limites. O hinduísmo considera o desejo – em particular o desejo sexual – como uma grande dádiva e um grande perigo. Na mente hindu, o sexo não é impuro, entretanto é uma ânsia poderosa o suficiente para fazer da pessoa prisioneira do desejo, escrava do prazer e traidora do verdadeiro propósito do sexo.

De um lado, o sexo vai muito além da cocriação da vida, porque diz respeito aos laços familiares e à estabilidade social. Por outro lado, quando transmutado em luxúria, o amor revela-se uma ameaça à própria sociedade que ele cria, subjugando-a e convertendo-se numa das maiores lutas da vida e num de seus mais arraigados inimigos.

O hinduísmo vê o sexo como um dever sagrado, destinado a ser praticado dentro dos limites da nossa vida moral e particular. Lidar com o sexo corretamente é o modo de satisfazer nossos desejos pessoais e, simultaneamente, manter a ordem social. O sexo é um dever divino, um ato de louvor, um compromisso com a criação e com a sociedade, um último derramamento de êxtase de um Deus amoroso.

Então, havendo sido instruído pelo *dharma*, disciplinado pelo *artha*, e sustentado e apoiado pelo *kama*, o hindu tem um novo conhecimento do eu e do mundo. Havendo aprendido suas lições no embate com o desejo, nos encantos da ganância quando à procura da segurança e da riqueza e nas armadilhas do amor, a alma está agora pronta para se dedicar à busca do *moksha*, à ausência das ilusões, à capacidade de enxergar a vida como ela realmente é e a deixar coisas insignificantes para trás a fim de mergulhar no Divino. Ao atingirem o *moksha*, os hindus se elevam acima das coisas e dos desejos e são lançados para além das leis e dos legalismos, imergindo no verdadeiro significado e propósito da vida.

É neste estágio, libertos das amarras deste mundo e inundados pelas coisas que importam, que os hindus vêm a compreender que toda a preparação tem valido a pena. E esta tem sido uma vida feliz.

37
Budismo: o convite ao fim do sofrimento

Quando Buda – então o príncipe Sidarta Gautama – depois de anos vivendo protegido entre as paredes do luxuoso palácio de seu pai, atravessa os portões e entra no mundo exterior, a realidade da vida – o sofrimento – o confronta pela primeira vez. O choque de ver doentes, velhos e moribundos foi tamanho, que ele devotou o resto de seus dias a tentar encontrar um sentido para tudo aquilo.

Sua primeira atitude foi se colocar sob a tutela de gurus e pertencer às comunidades de seus partidários. Entretanto, terminada esta parte da jornada, Sidarta não julgou haver amealhado mais sabedoria em relação ao sentido da vida.

Em seguida, procurou os ascetas, que lidavam com a vida fugindo da própria vida, e iniciou um regime de rígidas restrições. Meses transcorreram até que, emaciado e tenso, começou a perceber que estava gastando mais tempo pensando nos rigores dos seus jejuns do que no sentido da vida.

Assim, retirou-se para uma floresta, para meditar sobre a questão do sofrimento e solucionar o problema sozinho.

E foi ali – declarou ele mais tarde –, meditando dia e noite, sentado sob a Árvore Bodhi, que ascendeu da sua labuta espiritual iluminado, certo de compreender tanto a fonte quanto o fim do sofrimento.

Ao atingir o *nirvana*, um estado de esvaziamento das coisas do mundo, todos os desejos do outrora Sidarta Gautama – agora o Buda – esgotaram-se e, livre do apego às coisas que nos escravizam, ele se dedicou a capacitar os outros a se tornarem iluminados também, dizendo: "*Eu ensino o sofrimento e um caminho para sair do sofrimento*".

Discípulos se reuniram ao seu redor, comunidades monásticas foram formadas e Buda se pôs a ensinar, a qualquer um que se interessasse em ouvi-lo, o que é que mergulhava uma pessoa no sofrimento e na tristeza e também como essas dores podiam ser evitadas.

Quando perguntado "Quem é você?", ele respondia: "Eu sou o desperto".

Um dos princípios fundamentais dos ensinamentos de Buda está relacionado com a eliminação do sofrimento. O sofrimento – *dukkha* – ele pontificou, é simplesmente sentir que alguma coisa está deslocada, fora do eixo. Se estamos sofrendo, alguma coisa em nossa vida está errada. A vida é angústia, ansiedade e dor porque vivemos no mundo como se o mundo fosse permanente quando, de fato, tudo está contínua e constante mutação. E, no entanto, vivemos como se estivéssemos tentando delimitar um pedaço de um rio e chamá-lo de nosso. É exatamente este apego à impermanência a causa do nosso sofrimento.

No decorrer das eras, os filósofos ocidentais argumentaram que a felicidade dependia de a pessoa ser capaz de construir sua vida de tal modo que o prazer e a dor estivessem em equilíbrio, com o pêndulo pendendo mais para o prazer. O *darma* de Buda, concernente ao sofrimento, era que simplesmente precisamos viver de uma maneira que o sofrimento não tenha qualquer domínio sobre nós.

Quando confrontado com os costumeiros questionamentos filosóficos e cosmológicos, feitos aos mestres de sua época – Quem é Deus? De onde viemos? O que está além de nós? – Buda retrucou:

– Essas perguntas não conduzem à edificação. Quando uma casa está pegando fogo, você não especula sobre quem começou o incêndio, você sai da casa. Quando você é atingido por uma flecha, você não especula sobre quem a atirou, ou sobre que tipo de flecha é, você a arranca. Da mesma forma, você não indaga se o mundo é ou não eterno. Você morrerá antes de responder a essas perguntas. Ao invés disso, procure obter *insights* sobre como lidar com a vida e com o sofrimento.

E foi isto que Buda ofertou ao mundo.

Seus ensinamentos básicos, as Quatro Nobres Verdades sobre a vida, sobre o *dukkha,* são os seguintes:

- A primeira Nobre Verdade é que a vida é sofrimento.
- A segunda Nobre Verdade é que o sofrimento resulta dos desejos.
- A terceira Nobre Verdade é que o sofrimento pode ser eliminado.
- A quarta Nobre Verdade é que o Caminho Óctuplo leva à cessação do sofrimento.

É em seu ensinamento sobre o Caminho Óctuplo que Buda guia o mundo para longe do sofrimento e à libertação da dor.

A dimensão fascinante dos preceitos de Buda é que ele não fala sobre "prazer" no sentido ocidental. Aliás, ele não fala absolutamente nada sobre isso; não se dá ao trabalho de decompor e analisar os tipos de prazer; apenas os ignora e se debruça sobre o que acontece a nós caso o desejo por alguma coisa nos consuma.

A indagação é se a eliminação do sofrimento, a eliminação do desejo são, ou não, prazerosas em si mesmas o bastante para nos conduzir ao que chamamos de "felicidade" nesta nossa cultura, nesta época em que vivemos. O que Buda ensina lança uma luz inteiramente nova sobre a nossa própria definição do que constitui "a vida boa".

O sofrimento, Buda ensinou, é causado pelo egoísmo. Nós nos esquecemos de que estamos todos interligados, de que somos todos parte de uma teia, e assim agarramos e seguramos e tentamos nos apropriar e reter o que não foi feito para nós apenas. Nós destruímos a vida dos outros a fim de melhorar a nossa própria. O tormento de desejar eternamente e nunca alcançar tudo o que desejamos – a despeito do quanto conseguimos alcançar – faz com que a verdadeira felicidade, o genuíno contentamento, sejam impossíveis.

Somente o nirvana, a abnegação, o desapego ao combustível do desejo, podem pôr fim a esse tipo de angústia. Então aprendemos que o simples estar disposto a ser parte do universo – e não o seu centro – pode nos elevar acima de nós mesmos ao ponto de atingirmos o nível supremo da existência e experimentarmos o deleite de ter tudo porque não precisamos de nada.

Todavia, a verdade mais dura de todas, é que para atingir este estado de iluminação talvez sejam necessárias muitas vidas de aprendizado. Talvez umas dez mil vidas. Alguns se desesperarão com a ideia. Outros se regozijarão porque serão tão poucas.

38
Budismo: o caminho para a liberdade

Buda não passou a vida falando somente do sofrimento, mas dedicou-se a enfatizar um aspecto bem diferente: o sofrimento – diz ele – vem de dentro de nós. Nós mesmos o criamos. O sofrimento permeia tudo o que fazemos, cada decisão que tomamos. O que nos prende à dor e aos conflitos é obra de nossas próprias mãos, fruto de nossos desejos despropositados, insatisfeitos e desmesurados.

Todavia esta perspectiva só tem sentido se o sofrimento também puder ser desfeito apenas por nós.

Na realidade, *felicidade* não é uma palavra usada por Buda. Ao invés de mencioná-la, ele fala sobre iluminação e nirvana, sobre vir a enxergar a vida como ela é e aprender a agir de acordo. O sofrimento, Buda nos ensina, resulta de coisas em nossa vida que se acham fora do prumo, deslocadas, desequilibradas e desfocadas.

Tal percepção encontra-se a uma curta distância daquela indagação inquietante de como uma sociedade – que está alicerçada na criação de falsas necessidades para toda uma geração – pode chegar a ser, algum dia, de fato feliz? E, pior ainda, o que devem fazer os indivíduos imersos nessa cultura tanto para pertencer a ela – como evidentemente pertencemos – quanto para não viver inserido na realidade ávida e lamentosa que a própria cultura cria para todos nós?

A felicidade, para Buda, não está nas coisas, no poder ou no dinheiro. Não é algo acumulado, e sim moldado da argila do nosso eu. E são os meios de moldar essa argila que ocupam o centro de seus ensinamentos. Para eliminar o sofrimento, precisamos eliminar, controlar e dominar nossos desejos. Buda não está nos dizendo que devemos extirpar os desejos, e sim aniquilar a nossa total devoção a eles.

O Caminho Óctuplo para a extinção do sofrimento, não obstante um caminho simples, está longe de ser fácil. É um percurso profundo, em nada superficial. Percorrer este trajeto até o fim é o projeto de uma vida inteira.

O caminho, entretanto, é nítido. É objetivo, direto, em nenhum momento atolado na densidade da linguagem filosófica, ou obscurecido por alusões à teologia de outrora. A sua própria simplicidade nos desarma. É um caminho que nos guia eticamente e nos fortalece mentalmente a fim de que sejamos protegidos das ciladas e seduções das demasiadas ilusões da vida.

Entretanto, são a essas ilusões que nos agarramos.

O Caminho Óctuplo lida com as oito dimensões da vida que nos indicam o caminho rumo à Iluminação, quando somos detidos pelo brilho artificial das joias falsas e das falsas riquezas. Essas quimeras oferecem ao incauto que as persegue bens que não possuem para ofertar e uma vida que não podem proporcionar.

O Nobre Caminho Óctuplo nos chama à:

1) Compreensão Correta
2) Intenção Correta
3) Fala Correta
4) Ação Correta
5) Meio de Vida Correto

6) Esforço Correto
7) Atenção Plena Correta
8) Concentração Correta

1) Compreensão Correta exige de nós enxergar as coisas como são. Conforme um sábio da nossa era pontificou, *"Se é bom demais para ser verdade, então é bom demais para ser verdade."* Devemos vir a perceber que tudo aquilo que enxergamos, tudo aquilo que nos é oferecido é, quando muito, uma espécie de falso deus prometedor de uma satisfação que presumimos eterna, apenas para descobrirmos que, na melhor das hipóteses, tudo é efêmero. *"Isto também é passageiro"*, constitui o mantra dos sábios, daqueles que veem as coisas como são e se recusam a se tornarem prisioneiros de qualquer uma delas.

2) Intenção Correta é a resposta ética resultante do desenvolvimento de um entendimento correto. Tão logo enxergamos alguma coisa como ela é, agimos de acordo. A Intenção Correta inclui a decisão de resistir aos desejos, de ir ao encontro de todas as pessoas, de abordar todas as situações da vida com boa vontade. A boa vontade demanda de nós não fazer nada que possa prejudicar qualquer ser vivo.

3) Fala Correta é o comprometimento de nunca usar as palavras para causar o mal – mentir, difamar, magoar, ou tratar de maneira superficial as questões sérias da vida.

4) Ação Correta requer que coloquemos em prática os princípios que dizemos adotar e nos inspira a harmonizar o nosso corpo com o que a nossa mente sabe e o nosso coração sente. Portanto, isto significa um comprometimento com a realização de ações que tornem o mundo mais seguro para os outros e também para nós mesmos. Buda diz que não devemos ferir nenhum ser senciente, que não devemos tirar nenhuma vida, que não devemos causar nenhum mal intencionalmente, que não devemos nos apossar de nada que não nos tenha sido dado, que não devemos ferir ninguém com um comportamento sexual impróprio.

Ação Correta é um chamado à compaixão. É um compromisso com a equidade sexual. É a determinação de trilhar um caminho honrado através da vida, de não machucar ninguém, de não cobiçar nada, de lidar com tudo de forma justa.

5) *Meio de Vida Correto* nos convida a ganhar nossa subsistência com retidão e de maneira pacífica, a amealhar riqueza por merecimento. De fato, Buda menciona quatro atividades específicas que ferem os outros e devem ser evitadas: venda de armas, prostituição, abatimento de animais, uso de substâncias tóxicas e de veneno.

6) *Esforço Correto* demanda que o peregrino aplique sua energia, mental e física, para perseverar no caminho através da vida. Não se trata de esperar que sejamos capazes de fazer o que Buda prescreve. Trata-se de colocar todo o nosso coração, toda a nossa alma, na resolução de fazer o que é certo – pois com frequência nos inclinamos para o errado. E isto exige uma vida inteira de comprometimento de disciplina pessoal.

7) *Atenção Plena Correta* nos urge a nos concentrarmos naquilo que realmente importa na vida, a abandonar julgamentos, a manter o nosso coração reto e a nossa mente clara a fim de que não sejamos subjugados pela confusão, negatividade ou distrações insignificantes. Devemos ser determinados e focados no que, de fato, tem importância.

8) Concentração Correta demanda do peregrino sincero uma mente sã e um coração aberto para que possa continuar tentando trilhar o caminho com uma consciência plena da vida como ela é e como deve ser.

* * *

O Caminho Óctuplo é a matriz para o Viver Correto, para a elevação da alma, para a condução do mundo à "retidão". E mais ainda, é um caminho lavrado pela sabedoria espiritual que nos ensina que não há acúmulo de coisas, poder, ou *status*, capazes de nos salvar do sofrimento que infligimos a nós mesmos, e aos outros, quando nos desviamos dessa vereda. Quando vivemos mergulhados em seduções vazias e cedemos a desejos inúteis, nos condenamos à dor. Quando fracassamos em realizar o que é certo e dizer o que é sincero, quando nos recusamos a fazer o que é justo e optamos ganhar nosso sustento através de meios iníquos e violentos, não só trazemos o mal para a nossa própria vida como levamos a dor para a vida alheia; uma dor que é desnecessária. Quando, rendidos, desistimos de nossos esforços e vivemos na amargura de estar sempre julgando os outros, quando entregamos nosso coração e mente ao que é fútil, ao efêmero, aos brilhos falsos da vida, falhamos em nos tornar tudo aquilo que somos destinados a ser.

Então nenhuma felicidade verdadeira é possível porque não temos conseguido moldá-la para nós mesmos. E o mais trágico, nós a corrompemos para os outros.

Para Buda, a felicidade não tem nada a ver com viver numa espécie de Disneylândia de prazeres adultos. A felicidade, ele nos ensina, é uma dimensão humana muitíssimo mais importante do que isto, tanto para o peregrino quanto para o mundo.

39
Judaísmo: escolhido para ser feliz

A despeito do quanto evoquemos da história judaica, contemporânea ou bíblica, com toda a sua longa experiência de perseguição, escravidão, rejeição e preconceito, é impossível nos lembrarmos de haver ouvido dizer que o povo judeu – em qualquer lugar e em qualquer época – tenha sucumbido sob o fardo de seu sofrimento. É impossível nos lembrarmos de terem nos afiançado que os judeus são amargos por natureza simplesmente em razão de sua trágica história. É impossível deixar um grupo de judeus e ficar com a sensação de haver estado na companhia de pessoas angustiadas e destituídas. Pelo contrário, a história judaica entoa cânticos de alegria em todo lugar.

As Sagradas Escrituras judaicas contêm a narrativa do êxodo do Egito, quando perseguidos por um exército, assombrados pela ameaça de voltarem a ser escravos, cansados e famintos, esgotados e desencorajados, ao atravessarem, enfim, o Mar Vermelho e deixarem para trás o exército do faraó chafurdando na lama, as mulheres israelitas – lideradas por Miriam, irmã de Moisés – começaram a cantar um hino de louvor, induzindo toda a comunidade de Israel a dançar, apesar do terror e da exaustão, apesar de estarem perdidos e sem um lar.

Esta propensão judaica de enxergar as pequenas coisas da vida como presságios do que há de bom no presente e sinais do bem que há de vir é uma lição para todos nós. Em outras palavras, o judaísmo não é uma religião devotada ao amargor. É mais um exercício de acreditar na bondade intrínseca da vida, de pôr a nossa fé no Deus que não podemos ver em virtude dos dons que encontramos naquilo que podemos ver. Viktor Frankl, prisioneiro nos campos de concentração e fundador da logoterapia, escreveu sobre isto, e nesta mesma perspectiva, em sua obra lapidar, *Em busca de sentido:*

> Nós, que vivemos nos campos de concentração, podemos nos lembrar de prisioneiros que iam de barracão em barracão confortando os outros, dando o seu último pedaço de pão. Esses homens podiam ser poucos em número, porém ofereciam prova suficiente de que tudo nos pode ser tirado, exceto uma coisa: a derradeira liberdade humana – a liberdade de escolher que atitude tomar diante de qualquer conjuntura, a liberdade de escolher o próprio caminho.

Ao escolher considerar o livramento do mal como o maior de todos os bens, as Escrituras judaicas veem alegria onde os outros talvez só consigam enxergar desgraça.

Dentre os textos sagrados do judaísmo há os Salmos que falam, inúmeras vezes, sobre beber um bom vinho, saborear uma boa comida e "Dar graças ao Senhor porque Ele é bom". Os Salmos também levam o judeu a jamais se esquecer de proclamar que "Este é o dia que o Senhor fez para nós. Alegremo-nos e nele exultemos".

O povo judeu festeja com entusiasmo e com frequência. Eles celebram cada colheita e cada estação do ano. Comemoram o retorno da luz ao Templo depois da Revolta dos Macabeus, ao invés de discorrerem longamente a respeito da comunidade que morrera tentando salvaguardar essa mesma luz. Marcam o início de cada novo ano – quaisquer que sejam os seus prognósticos –

com orações e canções. Recordam a libertação do Egito com ceias e presentes. Relembram a entrega da Torá com rompantes de felicidade. E convertem cada *Shabat* do ano num momento de êxtase espiritual.

De fato, no calendário judeu há um mês inteiro, Adar, dedicado à felicidade, a fim de celebrar os eventos de sua história que mostram o jorro do amor divino sobre o seu povo em meio ao que é mundano e malévolo.

O Rabino Nachman de Breslau afirmou que "Estar sempre feliz é um importante *mitzva*".

Os Salmos nos lembram que as pessoas felizes são aquelas que "estão contentes com o que lhes cabe". Os rabinos nos ensinam que se nos for oferecida uma fruta e nos recusarmos a prová-la, estaremos cometendo um pecado. Em outras palavras, não ser capaz de apreciar as boas coisas da vida – quer as reconheçamos de pronto ou não – e se esquecer de desfrutar da vida em toda a sua plenitude, não é uma virtude judaica.

Este é um povo que, como povo, sabe se regozijar.

Porém de onde vem esta atitude e como ela é sustentada numa história saturada de discriminação e suspeita, marcada pela intolerância e perseguição sistêmica, assolada pela incerteza e pelo medo? Qual é a fonte de onde esse povo tão assediado bebe?

A verdade é que a perspectiva judaica jaz sobre quatro pilares: esperança, bondade, responsabilidade humana e centralidade da justiça.

A história judaica é a história de um povo no meio do qual Deus estabeleceu a sua morada permanente. A aliança entre Deus e o seu povo é pessoal. Quando Israel chama, Deus responde. Quando Deus chama, Israel responde – sabendo que, não obstante quão escuro seja o caminho, Deus tornará a estar ao seu lado, assim como Ele esteve na jornada do Egito até a Terra Prometida.

A jornada judaica não é uma jornada para a felicidade, mas uma jornada para Deus. Diz Viktor Frankl: "É a própria perseguição da felicidade que impede a felicidade".

Para os judeus, a percepção da presença de Deus é palpável. Israel vive semana após semana aguardando a vinda do Messias e a sua libertação de um mundo cheio de pecado. Os judeus nunca alimentam dúvidas quanto à veracidade dessa vinda e quanto à sua libertação porque Israel – conforme as Escrituras atestam – já havia estado submerso, *"com algas marinhas até o pescoço"* anteriormente e sempre sobrevivera, e jamais fora abandonado.

A esperança sustém o judaísmo – e por um bom motivo. Abraão não perdeu a esperança e foi salvo; Noé não perdeu esperança e foi salvo; Moisés não perdeu a esperança e foi salvo. Israel sabe que Emanuel, o "Deus Conosco" – "durante o dia uma coluna de nuvem para guiá-los e durante a noite uma coluna de fogo" – ainda permanece com eles.

Para o judeu, a Criação, por si só, fala da inesgotável bondade divina. A vontade de Deus é, obviamente, a salvação do seu povo, uma vontade derramada na própria terra e possibilitada pelos dons – de coração, alma, mente e corpo – que nós, seres humanos, possuímos. Em tudo isso, e na própria história de Israel, os judeus percebem, com nitidez, que a misericórdia divina nunca cessa. A generosidade divina nunca falta. Dia após dia, do nascer ao por do sol, eles aceitam todas as coisas como vindas da mão de Deus.

Os judeus sentem na pele a responsabilidade inerente à visão da criação da humanidade como um projeto de Deus para a realização da vontade divina aqui e agora. Sendo cocriadores do mundo, eles sabem que é a sua glória e o seu direito completar o que Deus começou.

Também sabem, com uma convicção incontestável, que no fim a justiça prevalecerá e que, até que chegue este momento, cabe-lhes – como agentes daquele a quem foram criados à imagem e semelhança – zelar para que a justiça aconteça. *Tikkun o'lam* – curar e restaurar a terra – é o papel da humanidade e é tal entendimento que confere à comunidade judaica propósito e lugar na mente de Deus.

E é em vista de tudo isso que se afirma que o judeu tem razão de ser feliz.

40
Judaísmo: o povo da Lei

Diferentemente de qualquer outra tradição religiosa, para Israel, a felicidade é a Lei. Não se trata dos Dez Mandamentos entregues a Moisés no Monte Sinai, mas de uma atitude tão entranhada em Israel a ponto de possibilitar o advento dos Dez Mandamentos. Tampouco é, no sentido estrito do termo, um *mitzvot*. Ou uma das 613 leis da Torá, enumeradas por Maimônides, o grande filósofo e rabino do século XII. No entanto, por um certo prisma, a felicidade não só implica uma obrigação maior para o indivíduo, como tem um efeito maior sobre o judaísmo do que quaisquer outros princípios morais ou éticos determinados na Torá.

Para a comunidade judaica, a felicidade é mais fundamental para o judaísmo do que qualquer estatuto ou regra particular. A felicidade é uma atitude do espírito, uma lei do coração, um recipiente no qual a visão de mundo judaica é derramada. Porém a "felicidade" a que nos referimos aqui não é, necessariamente, algum tipo de contentamento social. Não é uma abordagem do mundo despreocupada, risonha e superficial, como aquelas propaladas nas comédias de TV. Não são "regalias" no estilo das lojas de luxo da Madison Avenue.

É uma felicidade que tem profundidade e visão; que olha para trás e, a despeito do lado escuro da vida, enxerga a presença de Deus em todo lugar, um Deus que criou a vida com todas as coisas boas implícitas no próprio ato da criação. É uma felicidade que vê Deus como aquela presença palpável diante da face do mal, um Deus que nos acompanha através do vale das sombras até a promessa da libertação iminente que nos chega com cada novo amanhecer.

De fato, as Escrituras judaicas incitam o israelita, repetidas vezes, a "servir ao Senhor com alegria".

Todos os dias o judeu agradece a Deus por lhe haver sido entregue a Lei, a qual, se observada fielmente, o conduzirá à felicidade que se encontra no serviço ao Senhor. A felicidade, de acordo com a Cabala, é uma experiência da alma, não alguma realização pessoal de qualquer espécie. Portanto, a felicidade procede simplesmente de fazer o que deve ser feito e de se tornar o melhor que se pode ser.

A felicidade, dessa perspectiva, resulta de fazer o que é necessário para crescer com retidão, para se desenvolver inteiramente, para atingir a plenitude da obrigação judaica, que é encontrar Deus e segui-lo. O judaísmo nos ensina que a felicidade não tem absolutamente nada a ver com o caminho da vida ser fácil ou difícil, mas sim com a confiança de que este Deus que nos trouxe a esta estrada irá nos amparar durante todo o trajeto até o fim da caminhada, quando, então, tudo é perfeito, definitivo e completo.

"Se nós sabemos do que se trata a vida, não há tristeza nenhuma no mundo", nos ensinam os rabinos. A vida, para o judeu, consiste em servir a Deus com alegria. Conhecer a vontade de Deus, conforme revelada na Torá, estar ciente de que a vida consiste em cumprir a vontade divina, significa que, no fim, tudo na vida se reverte para o nosso bem. A tradição judaica enfatiza a *tikvah*, a esperança, não o desespero. Para a alma judia, nada que a vida oferece é irremediavelmente terrível, desde que vivamos segundo a vontade de Deus, ainda que só venhamos a compreender como um determinado evento contribuiu para o nosso bem muito tempo depois do ocorrido.

A vida, para o judeu, é sempre boa em si mesma; é uma bênção em si mesma. Confiar em Deus é estar seguro de chegar ao fim da jornada perfeito, pleno, quer entendamos a alegria do que está acontecendo ou não. Assim, a felicidade não está associada à euforia ou ao sucesso. A felicidade reside, unicamente, no serviço a Deus. "Bem-aventurada é a nação cujo Deus é o Senhor", entoam os Salmos. "Feliz é aquele que confia no Senhor."

Três elementos da vida judaica são lembretes constantes de o que significa empenhar-se para alcançar a plenitude da felicidade: Torá, Mishnah – a redação na forma escrita da tradição oral judaica – e o Shabat, como uma antecipação do paraíso.

Na Torá – composta pelos cinco primeiros livros da Bíblia – as leis de Deus são especificadas. Esses 613 *mitzvoth* compõem o arcabouço da vida judaica. Alguns deles são positivos e demandam certas ações. Outros são negativos e proíbem determinadas ações por considerá-las inaceitáveis. E há ainda alguns *mitzvoth* que, depois da queda de Jerusalém e da destruição do Templo no ano 70 d.C., deixaram de ser aplicáveis na presente dimensão da vida judaica. O ponto central é que a plenitude da felicidade reside no seguimento aos ensinamentos da Torá.

O Mishnah, ou a Torá viva, é uma coletânea de interpretações rabínicas daquelas leis através das eras e das culturas, de modo que as leis da Torá possam ser postas em prática nos dias e circunstâncias atuais, ano a ano, século a século, cultura a cultura.

A observância do Shabat, tal como o estudo da Torá, é uma celebração antecipada de como a vida será com a chegada do Messias, quando então o ser, e não o fazer, será a ordem do dia.

O Shabatá é um doce lembrete do que significa viver na presença de Deus todo o tempo. O Shabat é a consciência contínua de "saber do que se trata a vida" o que, por conseguinte, torna imperativo "servir ao Senhor com alegria".

Em desacordo com a maioria das outras tradições religiosas, o asceticismo não é uma dimensão da vida judaica. Pelo contrário. Os rabinos nos ensinam: "E ali comereis perante o Senhor vosso Deus, e vos alegrareis em tudo em que puserdes a vossa mão" (Dt 12,7). "Come com alegria o teu pão e bebe contente o teu vinho" (Ecl 9,7)[21]. Porém, é um ditado dos rabinos que confirma o motivo para toda a felicidade de Israel: "Aquele que ainda tem algum pão no cesto e se pergunta 'O que hei de comer amanhã?', tem pouca fé". A fé no Deus vivo é o âmago e a argamassa do que o judeu conhece como o caminho para a felicidade.

O judaísmo nos ensina, nitidamente, que a felicidade demanda de nós correr ao encontro da vida de braços abertos, nada temendo, tudo abençoando e sempre confiando que o Deus que nos pôs nesse caminho não apenas caminha ao nosso lado como também estará – se seguirmos adiante de mãos dadas com a Lei – à nossa espera no fim da jornada.

A tradição nos ensina que, para o judeu, a felicidade consiste em guardar a Lei de Deus. Isto, e isto apenas, é suficiente para que alcancemos a plenitude da vida. Não há poder ou fama, beleza ou dinheiro, segurança ou até mesmo a própria "felicidade", como o mundo a define – todas essas coisas efêmeras – que sejam capazes de substituir a Lei do Senhor.

Sem a menor dúvida, a tradição judaica coloca a sua felicidade no "fazer o bem e no bem viver".

---

21 Disponível em www.jewishencyclopedia.com/view.jsp?artid=271&letter =H&search=happiness [Acesso em 28/02/2010].

41
Cristianismo: a felicidade está em outro lugar

Durante quase mil anos o cristianismo se converteu na definição ocidental de felicidade. A preocupação dos filósofos gregos de determinar a natureza da felicidade recuou em face à propagação do cristianismo através da Europa. A resposta do cristianismo à indagação O *que é a felicidade?* não era filosófica, mas sim uma visão teológica baseada no entendimento da natureza da vida conforme a interpretação de seus teólogos. Os cristãos obedeciam às regras aqui e agora, suportavam os fardos aqui e agora, evitavam o pecado e o mal aqui e agora, para que, no fim, transcendessem a existência terrena e vivessem a vida em plenitude num outro lugar.

Cultivado inicialmente entre escravos e cidadãos romanos das classes mais baixas – cujas vidas eram marcadas pela opressão e insegurança – o cristianismo prometia uma bem-vinda esperança num mundo melhor que haveria de vir. O escravo já não seria escravo eternamente. Já não existiria nenhuma parcela da sociedade para sempre condenada a penar e a quem seriam negadas as boas coisas da vida.

A promessa cristã de justiça e misericórdia – uma esperança acalentada aqui, porém concretizada numa vida futura – eliminou a necessidade de analisar a palavra "felicidade", pois suas dimensões estavam claras: este mundo era simplesmente um teste do mérito de uma pessoa para entrar num reino que existia além daqueles regidos por reis implacáveis. No mundo que haveria de vir, prometeu o cristianismo, a justiça enfim reinaria e a misericórdia seria a sua característica.

A ideia judaica de libertação da escravidão se transformou, na perspectiva cristã, na promessa de uma vida eterna junto de Deus.

O cristianismo se converteu no arauto de um novo paraíso, de um retorno ao Jardim do Éden, onde a vida começara num estado idílico que acabara corrompido pelas infidelidades humanas. Por este prisma, a ênfase não estava na bondade de Deus; a ênfase estava no abandono ao direito à eterna bondade divina em decorrência do pecado. O resultado é que a vida cristã se transmudou num longo esforço para regressar ao Éden e desta vez para sempre, por toda a eternidade, quando então a esperança de uma felicidade perpétua seria materializada.

Nesta perspectiva, a morte era somente uma passagem para a vida sem fim, para a felicidade sem tristeza, para a plenitude sem a dor e o sofrimento que atormentam a nossa busca da felicidade nesta vida terrena.

Os filósofos gregos tinham concentrado a questão da felicidade nos vivos. Assim, de acordo com a sua percepção, aqueles que haviam conseguido desenvolver a suprema reação racional à vida se tornavam, consequentemente, indivíduos que chegavam, enfim, a "viver bem e a estar bem".

Para os gregos, este desenvolvimento moral, por si só, fazia do ser humano uma boa pessoa, uma pessoa moral, feliz. A bondade constituía a sua própria recompensa.

Por outro lado, o cristianismo surgiu anunciando a felicidade tanto para os vivos quanto para os mortos. Os que seguiam Jesus não apenas viviam, aqui, uma vida "feliz" – isto é, uma vida não destrutiva, destituída de imoralidade, egocentrismo ou perversidade – como também lhes estava prometida uma recompensa após a morte em virtude de uma existência livre do pecado.

Entretanto esta felicidade, esta recompensa infinita que os cristãos só podiam começar a imaginar aqui, proporcionou *insights* sobre a felicidade eterna a qual se empenhavam alcançar. Baseada na gratidão pela recompensa de Deus na terra, essa era uma teologia de moderação, não de restrição. Para o cristianismo, nada era impuro, tudo destinava-se a ser usado na medida adequada ao discernimento racional e à prática do que pressagiava a alegria eterna.

Os cristãos, tal como a comunidade judaica de onde se originaram, comemoravam as pequenas e grandes datas, os dias de festas e os dias de jejuns, os dias santos e os dias dedicados aos santos. O cristianismo revelou-se uma religião que celebrava a vida aqui na terra, embora se concentrasse ainda mais no merecimento de uma vida futura.

Esta era a recompensa da virtude; a felicidade além de qualquer medida; a vida infinita e um ilimitado deleite. E principalmente, em benefício da continuidade e desenvolvimento intelectual, esta imagem da felicidade não se restringiu ao cristianismo apenas.

Tomás de Aquino, teólogo dominicano do século XIII, estabeleceu uma conexão entre a teologia grega e a cristã. Ele trouxe à consciência cristã o que Aristóteles também argumentara, sobre a felicidade ser o resultado da virtude, não a perseguição de prazeres físicos.

Neste aspecto, o cristianismo e os filósofos clássicos gregos estão de acordo: a virtude é a chave. E, portanto, nem todos mostravam-se dignos das recompensas. Apenas aqueles cuja virtude e piedade podiam ser mensuradas através da sua adesão aos Dez Mandamentos, às leis e virtudes da Igreja – o novo *mitzvot* cristão – podiam aspirar a recompensa derivada da plenitude e propósito da vida.

A despeito de quão boas sejam as coisas terrenas, a felicidade não se trata do que é terreno. Não se trata de acumulação de bens. De controle. De delícias físicas. De prazeres sensuais. Não foi o favorecimento do que é físico que nos trouxe a felicidade. A felicidade está em nos tornarmos tudo o que o ser humano pode ser na mente e na alma, no corpo e nas sensações.

A percepção de que essas duas abordagens da vida – grega e cristã – estavam fundamentadas num entendimento comum e no comprometimento com a racionalidade, preparou a cena para a reabertura das comportas de uma torrente de questionamentos a respeito da vida, da virtude e da felicidade que emergiram durante o iluminismo e permanecem até hoje. As preocupações quanto à natureza da felicidade, que haviam surgido na Grécia centenas de anos antes de Jesus e submergido na Europa no século IV d.C., com o advento do cristianismo como a religião do Estado, não são inteiramente distintas uma da outra, conforme Tomás de Aquino apontou.

Aconteceu aqui uma importante fusão de mentalidades que fez do cristianismo um assunto dotado de importância racional, diferenciando a teologia cristã do que seria uma definição puramente emocional ou física do que significava ser feliz.

Entretanto havia mais alguma coisa que o cristianismo tinha a oferecer, algo que, além do argumento filosófico, revestiria de carne e ossos o significado da felicidade. O cristianismo ofereceu o modelo do que significava ser uma pessoa virtuosa. O cristianismo ofereceu o modelo de Jesus, que se dispôs a morrer fazendo o bem ao invés de simplesmente discutir as nuanças filosóficas secundárias da questão.

Em Jesus estava o modelo vivo de como se conduzir para viver a vida boa; em Jesus transparecia o nível supremo de humanidade ao qual a alma humana é capaz de alcançar. Jesus "andou por toda a parte fazendo o bem", as Escrituras nos dizem. Este modelo ficou impresso, gravado na mente das pessoas de todos os lugares: a felicidade não era um debate e sim um comprometimento com os ideais mais elevados que a vida tinha a oferecer. Tampouco a felicidade decorria de mimar o ego. A felicidade era a plenitude do eu, uma plenitude que resulta de sermos tudo aquilo que podemos ser.

42
Cristianismo: bem-aventurados são aqueles que...

A vida de Jesus se descortina diante de nós semelhante à de muitas outras grandes figuras da história ou da religião. A sua era uma alma livre das tendências subjacentes comuns à humanidade. Jesus andou por este mundo acima e além da mesquinhez, das ambições insignificantes e dos desejos fúteis que nos assolam. Ele suscitou novos patamares de pensamento; curou as pessoas e lhes ofereceu a sua amizade. Também se recusou a permitir que qualquer um, ou qualquer coisa, o isolassem num gueto, ou impedissem o seu acesso àqueles "que não são como nós."

Numa colônia romana onde o rancor contra o opressor estrangeiro fervilhava, Jesus curou os filhos de soldados romanos.

Numa colônia ainda entregue a disputas e ciumeiras internas, engolfada nos preconceitos históricos e rejeições persistentes, Ele rumou para a região proibida da Samaria e ali ensinou, a uma mulher, as belas proposições da sua teologia de vida.

Numa cultura em que a doença continuava sendo vista como punição do pecado, Jesus curou um enfermo após o outro dizendo, "Pegue a tua cama e ande", ao invés de falar simplesmente, "Seus pecados estão perdoados".

Numa cultura em que os mestres religiosos haviam se tornado rígidos, obstinados, ou legalistas, Jesus, que não era rabino, confrontou escribas, fariseus e rabinos a cada instante a respeito de seus próprios pecados contra o povo.

Numa sociedade que mantinha as mulheres excluídas de participação e debates públicos, elas o seguiram em massa e ele não lhes virou as costas.

Este comprometimento com o desmascaramento da rejeição, corrupção e preconceito constituía a marca da vida pública de Jesus até que, por fim, os líderes religiosos e os funcionários do Estado o transformaram em inimigo e proscrito e, num conluio, visando assegurar suas ambições ou a manutenção do poder, o executaram.

Esta é uma história por demais comum na vida de muitas figuras poderosamente boas, poderosamente proféticas.

E, no entanto, em meio a toda a dor e ameaças que o cercavam, os ensinamentos de Jesus eram sobre a felicidade.

Na narrativa que passou a ser denominada de *Sermão da Montanha*, Jesus anunciou o essencial para uma existência feliz a pessoas que, na percepção da maioria, pouco ou nada tinham na vida. Mesmo você, disse ele – tal como o cristianismo diria posteriormente a todos os escravizados e oprimidos da Europa e depois ao restante do mundo – mesmo você pode ser feliz. O problema foi que suas asserções viraram todo o conceito de sucesso, poder e felicidade de ponta-cabeça. As Escrituras registram:

Bem-aventurados (felizes) os pobres de espírito, porque deles é o Reino dos Céus. A felicidade, Jesus nos assegura, não está em agarrarmos os bens deste mundo. Nada satisfaz ninguém indefinidamente, por conseguinte, colocar a nossa felicidade na acumulação de bens serve apenas para acionar a esteira hedônica e lá vamos nós, correndo de uma coisa para outra e nos condenando à desilusão perpétua.

Bem-aventurados (felizes) os mansos, porque herdarão a terra. Cada tentativa de dobrar o mundo ao nosso próprio gosto e desígnios só pode acabar em frustração e resistência. Para viver bem precisamos viver em harmonia com tudo o que existe.

Bem-aventurados (felizes) os que choram, porque serão consolados. Os que se importam com o sofrimento do mundo, os que tomam para si a dor dos destituídos, são aqueles cujo sentido da vida se encontra fora de si mesmos, são aqueles que sabem do que se trata a verdadeira felicidade.

Bem-aventurados (felizes) os que têm fome e sede de justiça, porque serão saciados. Os que buscam justiça para os outros e se empenham em construir um mundo justo, vivem uma vida plena de significado e propósito, que é a culminância da verdadeira felicidade.

Bem-aventurados (felizes) os misericordiosos, porque alcançarão a misericórdia. Aqueles que compreendem o que é ser humano, que valorizam o desenvolvimento humano mais do que a imposição de leis sobre os que não têm condições de cumpri-las, não sofrerão a dor do perfeccionismo.

Bem-aventurados (felizes) os puros de coração, porque verão a Deus. Os que não fomentam nenhuma desonestidade, que procuram não prejudicar ninguém, que vivem sem alimentar o mal em seu coração, tornam todo o mundo seguro e impelem todas as pessoas a se sentirem bem-vindas na comunidade humana.

Bem-aventurados (felizes) os que promovem a paz, porque serão chamados filhos de Deus. São aqueles que se negam a incitar o ódio entre as pessoas – ou que não operam através de quaisquer outras forças que não seja o amor – os que trazem o espírito do amor de Deus para o mundo.

Bem-aventurados (felizes) os que são perseguidos por causa da justiça, porque deles é o Reino dos Céus. A felicidade transcende os sentimentos. Se vivemos como devemos e fazemos o que devemos para transformar o mundo num lugar acolhedor para todos, a despeito de qualquer sofrimento, preço ou custo social de agir assim, nossa alma estará em paz.

Bem-aventurados (felizes) quando vos injuriarem e perseguirem, e, mentindo, falarem todo o mal contra vós por causa de mim. As coisas que fazem o sofrimento valer a pena e tornam a dor suportável são aquelas que nos levam a viver como Jesus viveu, mesmo em meio à rejeição.

* * *

"Alegrem-se e regozijem-se, porque grande é a vossa recompensa nos céus", disse Jesus.

Esta é uma fórmula simples para a felicidade. São preceitos que demandam de nós viver com as mãos abertas para o restante do mundo. Que exigem de nós não oprimir ninguém; não ferir ninguém. Que nos pedem para cuidar daqueles que sofrem; socorrer os necessitados; ser gentil com todos; promover a paz; defender a justiça e o que é certo e suportar a perseguição dos que repelem tudo isto em nós sem que nos transformemos, nós mesmos, naquilo que condenamos.

E, principalmente, essas proposições nos lembram que a felicidade plena não pode nunca ser encontrada no que é mundano. A felicidade requer mais do que sensações, mais do que prazeres. A verdadeira felicidade nos solicita que, a despeito de amar as coisas do mundo, sejamos capazes de transcendê-las a fim de nos tornarmos maiores do que somos para o bem do próprio mundo. Esta felicidade implica uma vida cheia de significado e de propósito, uma vida cuja razão de ser excede a si mesma.

43
Islamismo: submissão e comunidade

Quando o Profeta Maomé recitou os versos do Alcorão para os habitantes de Medina, algo imediatamente tornou-se óbvio: aquela nova religião não estava alicerçada sobre uma complexa e intrincada instituição. Tampouco pretendia ser uma glorificação do próprio Maomé. "Não sou divino", o profeta afirmou com clareza. "Sou apenas um mensageiro."

O islamismo tencionava redirecionar o mundo para o Deus de Abraão e Isaac, o Deus de Moisés e Aarão. Não se tratava de uma religião nova no sentido de ser diferente ou única, tampouco uma revelação surpreendente e inovadora, e sim uma religião que procurava simplesmente reorientar o "povo do Livro" – judeus, cristãos, e o resto do mundo – para a mente e o propósito do único Deus. Esta era uma busca da felicidade que remontava a tempos antigos, até que sua origem primitiva acabou diluída por aqueles que, na prática, ignoravam a fidelidade aos preceitos.

De fato, o Corão repete a narrativa da Criação contida nas Escrituras judaicas. Além de recontar a história de Deus com o povo judeu, relata também o chamamento dos profetas e faz menção a Jesus, numa referência ao cristianismo. Na realidade, percebe-se uma convocação simultaneamente nova e antiga do povo do Livro – de todos para quem as Escrituras judaico-cristãs são fundamentais. O propósito único do islamismo é chamar as religiões monoteístas de Abraão de volta a uma aceitação mais prístina das Escrituras.

Àqueles a quem a revelação do monoteísmo fora dada – mas que haviam se permitido se tornarem áridos e entorpecidos ao longo dos séculos – o islamismo surgiu como um novo chamado, tanto de judeus e cristãos como dos mulçumanos, ao arrependimento e à renovação do espírito.

Todavia o islamismo concentra-se menos na organização – conforme acontece no judaísmo e no cristianismo, com as sinagogas e igrejas – e mais na simples submissão à Palavra de Deus como agora redefinida no Alcorão.

Submissão à vontade de Deus e adesão à comunidade muçulmana – sendo estes o modelo e esteio primordiais – se converteram nos principais componentes do islamismo, a base da felicidade nesta vida e na futura. Não é liturgia, teologia, dieta, roupas, costumes ou território que o islamismo clama para si. O islamismo se fundamenta ao redor de um só conceito: a aceitação da Palavra de Deus neste mundo e o ingresso na felicidade do Paraíso após a morte.

O Alcorão, a comunidade e a consciência individual atam os muçulmanos à fé e à Suna, que é o seu corpo vivo, a própria comunidade islâmica.

No islamismo, toda a carga da fé repousa sobre o indivíduo. Teólogos e líderes religiosos pronunciam as suas interpretações da fé; porém, em última instância, é o indivíduo o responsável pela compilação de informações e a consequente decisão pessoal sobre qual interpretação das leis mais o captura.

Os conceitos básicos da fé são nítidos:

O islamismo é, essencialmente, uma crença otimista. Não existe a noção de pecado original, ou de transgressão basilar. Cada um de nós – o islamismo nos ensina – é capaz de viver de acordo com a vontade de Deus e cada um de nós é igualmente digno aos olhos de Deus. A felicidade é uma opção universal. Não há nenhuma hierarquia de estilos de vida ou de meritocracia. A única coisa necessária é a mera resolução de ser um bom muçulmano. Este é o caminho para a felicidade, a despeito de quanto esforço seja necessário para percorrê-lo.

O islamismo compreende a fragilidade humana. O ser humano é negligente, o Corão afirma; portanto, deve travar constantemente uma *jihad* – uma luta santa – para conservar a fé. Sendo falíveis e em luta incessante conosco mesmos, precisamos estar sempre alertas em relação à nossa própria fraqueza e confiar na fidelidade de Deus para nos sustentar em nossa busca.

Para o islamismo, fé e política, fé e vida pública, são uma e a mesma coisa. A Sharia – a aplicação dos princípios teológicos às leis civis, como por exemplo, se a mulher pode ou não dirigir um carro – é comum nos estados islâmicos tradicionais. Se a Sharia é ou não a lei da terra – como não é o caso na maioria dos países islâmicos – a religião ocupa uma posição privilegiada na comunidade e espera-se que influencie as políticas públicas e a virtude pessoal.

Todos os muçulmanos devem acreditar em Deus, nos anjos como os seus mensageiros, no dia do julgamento e em predestinação. É dessas crenças, e de uma vida vivida de acordo com a Lei, que depende a entrada do muçulmano no Paraíso, onde se encontram a salvação e a verdadeira felicidade, e onde irão aguardar o dia do julgamento e a ressurreição corpórea.

A felicidade é o objetivo final depois de uma vida de provas, sofrimentos e tribulações, e a tudo isso o muçulmano se submete com uma confiança absoluta no Deus que mais uma vez irá acolher o mundo para que aqueles que creem possam desfrutar das recompensas prometidas.

44
Islamismo: vivendo a vida boa

Há alguma coisa de irresistivelmente simples e, ao mesmo tempo, inconfundivelmente intensa em ser muçulmano. O islamismo não é uma doutrina; é um estilo de vida que afeta cada uma das horas, cada uma das principais ações de seus partidários. No islamismo, a comunidade é tão importante quanto o Corão. Este livro das Escrituras, o islamismo atesta, foi revelado ao profeta Maomé em partes, entre 610 e 632 da era cristã e, desde então, no decorrer destes quinze séculos, tem sido recitado por muçulmanos de todos os lugares. A vida islâmica é uma vida que assegura o Paraíso aos seus seguidores, desde que sejam fiéis às prescrições do Corão enquanto neste mundo.

É a esta busca da felicidade que a comunidade islâmica concede forma tangível, além de apoio à existência do indivíduo. O Alcorão oferece direção espiritual e propósito à vida. São esses dois aspectos da vida islâmica – comunidade e Corão – que moldam um povo cuja mentalidade comum abraça uma sociedade islâmica que precisa ser, simultaneamente, civil e teológica, individual e comunitária, a fim de ser plena.

Tal concepção de vida, firme determinada, é social e individual, teológica e cívica. E é visando consolidar essa realidade binária que os Cinco Pilares do islamismo exortam o indivíduo tanto a olhar para a vida que há de vir quanto fortalecer a sua vida atual.

A base da felicidade – a presente e a futura – jaz no comprometimento com os Cinco Pilares e nos comportamentos que reforçam os ideais do islamismo para o próprio indivíduo e para a comunidade em geral. É concebível ser hindu, judeu, protestante, budista ou católico numa ilha deserta apenas observando os seus preceitos. Entretanto, é necessária uma comunidade para proporcionar ao muçulmano a mais elevada dimensão da vida islâmica.

Os Cinco Pilares do islamismo vinculam essas duas perspectivas da vida – lei e comunidade – num todo perfeitamente amalgamado.

1) Profissão de fé: *Shahada*. O guia fundamental para a vida no islamismo é o testemunho público a um Deus monoteísta. Para tornar-se muçulmano, o aspirante deve testemunhar em alta voz o fato de que "Não há outro Deus senão Alá e Maomé é o seu profeta". Embora este testemunho só precise ser feito uma vez na vida, os muçulmanos costumam repeti-lo em cada acontecimento importante e, na maioria dos casos, diariamente. É a verdade ressoante que mantém o muçulmano no caminho islâmico: Alá é Deus e Maomé o guia para uma vida devota.

2) Oração: *Salat*. O muçulmano deve orar cinco vezes ao dia – ao amanhecer, ao meio-dia, ao entardecer e antes de deitar-se, de preferência em grupo e não sozinho. O *muezim*, aquele que do alto dos minaretes conclama os muçulmanos às orações, é um lembrete do centro da vida islâmica. Ele recita a primeira frase da prece quatro vezes e frases alternadas duas vezes, sendo a última frase declamada uma só vez. Esta é a oração:

> Deus é maior.
> Dou testemunho de que não há outro Deus senão Deus.
> Dou testemunho de que Maomé é o mensageiro de Deus.

> Apressa-te ao *salat*.
> Apressa-te para a salvação.
> Deus é maior.
> Não há outro Deus senão Deus.

Na conclamação matinal, a frase "O *salat* é melhor do que o sono", costuma ser acrescentada após "Apressa-te para a salvação"[22].

Com o *salat*, reunidos numa comunidade de crentes recitando preces formais cinco vezes ao dia, a comunidade islâmica vai se tornando cada vez mais estreitamente aglutinada como um só povo que caminha junto para Deus.

3) Caridade: *Zakat*. A caridade no islamismo é uma espécie de imposto sobre a riqueza. A diferença é que a taxa não é paga ao Estado e sim entregue aos necessitados. É um ato inteiramente social ou comunitário. A despeito da crença islâmica de que a prece em comunidade é mais poderosa do que a oração individual, o *salat* pode ser rezado mesmo a pessoa estando só. Entretanto, apesar de destinar-se a tornar o indivíduo responsável pelo bem--estar da comunidade, o *zakat* só é exigido de quem já está empregado no mínimo há um ano e tenha obtido algum rendimento. A palavra *zakat* significa "pureza" e traz embutida a ideia de que ao oferecer uma porção de seus lucros aos outros, a riqueza de quem oferta é purificada, pois a comunidade não é roubada daquilo de que carece. Assim como as abluções purificam o corpo antes das orações e o *salat* purifica a alma, o *zakat* purifica a acumulação de posses e, por conseguinte, toda a comunidade enriquece. A caridade é uma reação às necessidades da comunidade e garante o desenvolvimento conjunto de todo o povo.

---

22 MURATA, S. & CHITTICK, W. *The Vision of Islam*. St. Paul: Paragon House, 1994, p. 15.

4) Jejum: *Saum*. O ritual anual de jejum priva o muçulmano de comida, bebida e sexo do amanhecer ao anoitecer do mês do Ramadã. O *saum* busca alcançar três objetivos: levar ao arrependimento dos pecados, ao reconhecimento da dependência de Deus e a uma proximidade maior com Alá – induzindo o muçulmano a estar ciente da generosidade divina.

5) Peregrinação: *Hajj*. Todos os muçulmanos que tiverem condições devem empreender, pelo menos uma vez na vida, uma peregrinação a Meca, onde acredita-se que o próprio Abraão, e seu filho Ismael, tenham construído a Caaba há mais de 2.000 anos. De acordo com a tradição, a Caaba é um altar antigo, erguido ao Deus Único.

Os muçulmanos vão a Meca para renovarem e aprofundarem seu relacionamento com Alá e se prepararem para a morte. Em tempos passados, antes de os meios de transporte modernos possibilitarem que tal viagem seja feita num dia, a jornada em geral durava meses e, por esta razão, os peregrinos deixavam para fazê-la quando já mais velhos, como uma purificação final. Alguns *haji* – peregrinos – iam para Meca e por lá ficavam, pelo resto de suas vidas. O comprometimento com a renovação espiritual é igualmente intenso, mas não necessariamente tão derradeiro. Pelo contrário. Hoje o *hajj* é mais uma cerimônia de renovação na meia-idade do que uma preparação para a morte.

Estes atos – submissão a Alá, preces diárias, caridade, jejum e o *hajj*, guiam o muçulmano através da vida até o ponto de plenitude espiritual. Juntamente com o comprometimento com a lei da Sharia – que é a interpretação do Corão para a sociedade contemporânea – os Cinco Pilares da comunidade islâmica harmonizam, trazem paz e felicidade a esta vida e preparação para a que há de vir.

45
Religião e os caminhos para a felicidade

Stella Terrill Mann escreveu: "Qualquer que seja o sonho de Deus para a humanidade, com certeza nada pode ser realizado a não ser que a humanidade coopere". Este é um *insight* para ser levado muito a sério. É óbvio que nada decorrente da religião acontece em nós a menos que absorvamos, respiremos, demos asas e nos abramos para a religião de tal sorte que ela viva e cresça em nós até o ponto de nos consumir.

As religiões – todas elas – nos dizem: "Aqui está o caminho da felicidade. Siga-o". E todas elas nos advertem, de um jeito ou de outro, sobre o que acontece à estrutura e urdidura de nossa existência se não lhes prestarmos atenção. Todavia religião nenhuma pode fazer, sozinha, a balança pender a nosso favor. Religião nenhuma pode fazer por nós o que o nosso próprio coração não procura.

Em relação ao caminho para a felicidade – independente de como cada uma das religiões o defina – a conjuntura não poderia ser mais clara. Entretanto, cada uma das religiões tem alguma coisa importante a nos falar sobre a felicidade, algo que nenhuma outra disciplina consegue sequer começar a descrever. O sociólogo, por exemplo, enuncia: "Escolha cuidadosamente o que você pensa que o fará feliz". O médico nos aconselha: "Seja feliz, pois assim você estará na sua melhor condição física a vida inteira e será capaz de desfrutar dos múltiplos aspectos da vida". O neurologista nos instrui: "Veja a felicidade como um direito inato". O psicólogo nos orienta: "Assuma a responsabilidade pela sua própria felicidade". O filósofo afirma: "A felicidade é mais do que prazer". Mas a religião é a única das disciplinas que nos assevera, objetivamente: "A felicidade depende disto..." A religião é a única das disciplinas que traz embutido no que diz o teor da felicidade.

Cada uma das disciplinas nos concede alguma coisa a qual nos agarramos, alguma coisa que nos induz a florescer, alguma coisa que nos impele a nos tornarmos maiores do que quaisquer coisas que possamos escolher ao longo da jornada, do que quaisquer habilidades físicas ou sociais que venhamos a desenvolver. A religião promove o desenvolvimento do coração e a maturidade da alma; nos conecta ao universo e nos lança para muito além dos mundinhos limitados em que vivemos; e nos inspira questionamentos que são, nas palavras de Christopher Fry, em *O sono dos prisioneiros*, do tamanho da nossa alma. Este poema nos põe frente a frente com a busca da vida, da verdade, do entendimento e da felicidade:

> O coração humano pode ir tão longe quanto Deus.
> Sombrios e gélidos podemos ser, mas não é inverno
> agora.
> A indigência congelada de séculos se rompe, racha,
> começa a se mover;
> O trovejar é o estrondo da geleira,
> O degelo, a inundação, a Primavera nascente.
> Graças a Deus o nosso tempo é agora,
> quando a iniquidade chega para nos confrontar em
> todos os lugares,
> sem nunca nos deixar em paz
> até que venhamos a dar o mais longínquo dos
> passos
> de que a alma humana é capaz.

As questões são agora do tamanho da alma.
A empreitada é a exploração de Deus.
Para onde você está rumando?
São tantos os milhares de anos para acordar,
Mas, por piedade, você há de despertar!

Ir tão longe quanto Deus, despertar para a vida, é do que se trata a religião. É também do que se trata a felicidade.

A vida, Christopher Fry nos recorda, é uma jornada ao verdadeiro significado da felicidade em face a todas as lutas que travamos. É a própria vida que nos conduz à compreensão da diferença entre as suas ninharias e a sua beleza; que abarca cada um dos elementos da felicidade para os quais cada uma das religiões nos guia. A vida não é invernal, escreve Fry. É um fluxo de estações, de uma primavera para outra, e cada uma dessas estações – a despeito de quão duras possam ser – é uma incursão numa outra dimensão da vida, da alma e de Deus. Toda vida é completa, assonante; e é o que fazemos dela o que, por fim, se converte na medida da felicidade que tanto trazemos para a vida quanto dela extraímos.

Cada uma das religiões nos mostra uma faceta do que a verdadeira felicidade deve nos proporcionar.

O hinduísmo nos convida a ver todas as coisas como Uma única. E nos habilita, se o desejamos, assimilar o fato de que a vida é uma experiência integrada. Nós não saímos por aí catando fragmentos de felicidade, assim como não buscamos fragmentos de vida. Cada segundo, de cada existência, destina-se a ser a própria vida em sua plenitude. Nós obtemos tudo da vida a todo momento, às vezes um aspecto mais acentuado do que outro, talvez, porém é deste tecido inteiriço, sem emendas, que devemos urdir uma existência de alegria e realização. Com o hinduísmo aprendemos que felicidade e tristeza são simplesmente visões diferentes de uma mesma coisa. O casamento feliz se torna um funeral; o funeral se torna um lembrete da felicidade que o casamento propiciou.

A consciência de que este momento é apenas parte de algo muito maior concede significado ao mais ínfimo instante e demanda de mim viver este instante como qualquer outro, com toda a intensidade de que sou capaz, para que, deste modo, eu jamais me esqueça de apreciar a vida. É esta sensação de unidade que possibilita a paz e a harmonia carismática.

O budismo, por outro lado, concentra-se na eliminação do sofrimento, não através do hedonismo, não através de uma voracidade de prazeres, não obstante quão deliciosos estes possam ser, mas da compreensão correta do sentido da vida. O excesso de qualquer coisa, na concepção budista, traz sofrimento. Não existe prazer algum que não se transforme em dor se levado ao extremo.

A capacidade de deixar ser, deixar acontecer, deixar vir, deixar crescer e de deixar ir – o budismo nos assevera – é o ápice da vida bem vivida. O budismo encontra a felicidade recusando-se a defini-la. O budismo aceita; não se apossa. O budismo renuncia; não reivindica. O budismo ensina a felicidade do momento presente ao se negar a exigir mais do que aquele momento pode ocasionar enquanto, simultaneamente, espera mais do que aquele momento parece prometer. Este é o paradoxo de uma vida vivida conscientemente. Perseguir a alegria é perdê-la, pontifica o budismo. Compreender o sofrimento é mitigá-lo. Tomar para si toda a dor do mundo é respirar compaixão.

O hinduísmo nos aponta a necessidade de virmos a perceber que a felicidade não só é mais do que mera sucessão de momentos felizes, como também está relacionada com a maneira como enxergamos os tempos difíceis e os de calmaria. Tal como o hinduísmo, o budismo nos mostra que criamos o nosso próprio sofrimento ou a nossa própria felicidade, a cada pequena escolha, a cada segundo, um após o outro.

O judaísmo nos conclama a honrar o ritmo da vida humana e as demandas da comunidade ao nosso redor, a converter o chamado à ordem divina no filtro e na balança das decisões que norteiam as nossas vidinhas. Nós não regemos o universo, o judaísmo nos evoca. É Deus quem o governa. Nós não somos os modelos ou os padrões do universo; somos seus protetores, seus agentes, seus guardiões. Realizar o que é certo para o universo em geral é a medida de uma felicidade arquitetada tendo todo o cosmo em mente, porém vivida no microcosmo através dos tempos.

O judaísmo nos convoca a ser filhos das leis do universo que subsistem dentro de seus limites para o bem de todos os que nos rodeiam. O judaísmo nos faz compreender que não há montante de ilegalidades, arbitrariedades e brutalidade moral, que não há aspirações de domínio que possam nos conduzir à felicidade se for destruída a nossa percepção de que somos criaturas. A perda dessa percepção nos coloca na posição dúbia de pretendermos ser, nós mesmos, o próprio Deus. O judaísmo é um sinal claro de que sem ética e justiça não há felicidade para ninguém, inclusive para aqueles dispostos a viver uma vida menos plena do que a racionalidade nos possibilita.

Assim como o hinduísmo nos conclama à unidade, o budismo à aceitação e o judaísmo à Lei, o cristianismo nos chama a um amor que extrapola o nosso ego a fim de que sejamos impelidos a viver por algo maior do que o nosso próprio eu. O cristianismo nos incita a nos doarmos em benefício do florescimento de toda a humanidade e, na sua perspectiva, o ponto central da nossa existência está em fazer o bem ao próximo, em ser um sinal da bondade divina e em nos tornarmos seguidores de Jesus, que é o nosso modelo.

O cristianismo faz do amor o princípio e o fim do universo e coloca as relações humanas como o foco da vida bem vivida.

O eu não pode atravessar a vida sozinho, afirma o cristianismo, porque não existe a menor possibilidade de felicidade no isolamento. Assim, ao sermos convidados a nos transformar em guardiões da família humana, o propósito da minha própria vida é, simultaneamente, imediato e global. A entrega de si não diminui a pessoa, o cristianismo nos ensina. Pelo contrário, é ao nos doarmos que atingimos o mais alto grau do nosso eu amoroso.

Por fim o islamismo nos apresenta um modelo de comunidade humana numa era em que as tradições comunitárias, conforme as conhecemos, estão desagregando-se. A ideia do que significa ser um bom cidadão de qualquer nação, um bom membro de uma igreja, um bom jogador de um time, ou provedor de qualquer cultura em particular, tem se revelado muito privada e pessoal. Entretanto o islamismo nos expõe um lembrete do chamado à toda comunidade humana para viver como um só coração, a despeito das nossas muitas tradições. No islamismo, o que importa é o Suna, são as pessoas, o modelo de comunidade, a mente comunitária, a alma única que atua no mundo para que o mundo possa, conforme proclama o hinduísmo, se tornar realmente um.

O islamismo é um apelo para que as pessoas se reúnam, para que seus corações venham a pulsar como um só coração, vinculados, e em harmonia com o Cântico da Criação. O desenvolvimento humano, no contexto de desenvolvimento comunitário, é o chamado do islamismo à plenitude.

A felicidade, a religião nos diz, requer de nós passarmos a vida buscando a unidade e praticando a compaixão, demanda que sejamos justos e tragamos ordem à Criação, exige que nos amemos uns aos outros e construamos uma comunidade humana. Isto significa que nós não nos bastamos. Significa que devemos viver com propósito e também com prazer. Significa que estamos neste mundo para sermos responsáveis por ele, uns pelos outros e pela felicidade.

Sem tudo isso, nos adverte a religião, nós nos condenamos à nossa própria fragmentação. Desperdiçamos nossas vidas com prazeres sensuais momentâneos preferindo ignorar o derradeiro vigor que resulta de haver vivido acima do nível dos sentidos e alcançado os píncaros da alma. Nós afogamos nossa vida em acessos de egocentrismo que nada nos trazem, exceto uma avidez por coisas que jamais será saciada. Nós nos convertemos numa espécie de piada cósmica. Uma busca infinita por nada que valha a pena ser encontrado. Um gemido de frustração ao invés daquela espécie de suspiro que brota no fim de uma vida bem vivida.

* * *

A felicidade, diz Aristóteles, nada mais é do que "fazer o bem e o bem viver". E, pelo visto, a religião parece concordar. A religião nos questiona: podemos viver vidas iníquas, dissolutas, narcisistas e ainda realmente esperar experimentar aquele tipo de felicidade que inunda cada nervo do nosso corpo com a sensação de termos feito o melhor? O tipo de felicidade que faz pulsar nosso coração no compasso do amor que espalhamos em cada momento de cada dia gratificante, em cada sopro da alma, sabendo que o mundo é um lugar mais feliz porque estamos nele?

De fato, nas palavras de Willa Cather, "Isto é felicidade – se dissolver em algo completo e vasto".

Epílogo
Juntando as partes

Não terminei este livro onde o comecei – entregando uma definição pronta e acabada, clara e nítida, do que presumi que seria um conceito inteiramente universal. Na realidade, fui parar num lugar totalmente diferente. É como aquele velho irlandês que, perguntado sobre como chegar até uma certa aldeia do outro lado do país, respondeu ao viajante: "Eu não iria para lá partindo daqui". Tampouco eu iria. A excursão para a felicidade é uma jornada muito mais envolvente do que a simplicidade de uma definição poderia implicar.

Iniciei este livro com o intuito de averiguar como pessoas influentes haviam definido o conceito de felicidade através das eras, de verificar se essa definição mudara ao longo do caminho e porquê. Entretanto, no fim do percurso, compreendi que a definição da felicidade é algo muito pessoal. A natureza da felicidade é algo que cada um de nós deve explorar por si mesmo. É ao determinarmos por nós mesmos o que é a felicidade que nos sentimos amparados para mudar por completo a nossa vida.

Portanto, esta tem sido uma profunda e complexa incursão no sentido da felicidade. Guiada por pensadores ao longo da história, e os de nossa era, percebi-me avaliando minha própria vida de acordo com os padrões propostos por cada um deles – senti-me satisfeita com o que eu já havia descoberto, intrigada por suas muitas e diferentes conclusões e instigada a refletir mais profundamente sobre o assunto como nunca até então. Dei-me conta de que a felicidade era algo que eu tinha tomado como garantida por tempo demais. E esta, talvez, seja a abordagem mais perigosa de todas.

Comecei este livro intitulando-o "A felicidade redefinida". Como se houvesse uma definição por aí, em algum lugar, apenas me esperando repeti-la. Porém não tardei a compreender que são demasiadas as definições de felicidade para que se possa presumir que uma delas se aplique ao todo, ou ao fim, de uma questão tão intrincada. Este livro tampouco é um projeto de respostas simples.

E mais, este livro não é, absolutamente, sobre a felicidade "redefinida". Pelo contrário! É sobre o processo de "redefinir a felicidade". Para nós mesmos. Por nós mesmos. Sozinhos. À luz dos séculos. Tendo a nossa própria experiência em mente. Este é um projeto extremamente íntimo e pessoal. É um processo de descoberta do que temos perdido ao longo do trajeto, de expormos os nossos erros aos nossos olhos e, quem sabe, de aprendermos a repensar a vida.

Assim, o que aprendi no decorrer de tal incursão pessoal? Aprendi o óbvio, o que eu negligenciara enquanto corria pela vida afora, na ânsia de colher os seus frutos e sorver o seu sumo. Também me debrucei sobre as dimensões não tão óbvias da vida, pois a despeito de achar que as conhecia, eram-me desconhecidas.

Aprendi que há coisas que uma cultura de gratificação imediata simplesmente não pode ensinar. Algumas coisas – como integridade, ou crescimento, por exemplo – levam tempo. Algumas coisas nos chegam num amplo arco de abrangência – que vai de um extremo a outro da nossa existência – e sua resolução, sua proporção, só podem ser estimadas quando mensuradas em termos do número de anos de sua relevância.

Em relação à felicidade acontece o mesmo. Há uma infinidade de coisas, uma miríade de experiências que entram em nossas vidas posando de "felicidade", mas que, na melhor das hipóteses, não passam de impostoras. As fotos de um casamento não contam toda a história. O dinheiro nem começa a descrever a alegria dos anos. As coisas são, quando muito, meros fragmentos da memória que nos suscitam a indagação: sou feliz? De verdade? E essas perguntas nos martelam até que um dia, talvez um pouco mais sábios, consigamos enfim respondê-las para nós mesmos.

Então constatamos que há peças do quebra-cabeça espalhadas ao longo do caminho que devem ser reunidas e enfim avaliadas quanto à sua autenticidade.

Em primeiro lugar, o mundo que nos cerca peleja diariamente com a questão da felicidade. O que os outros buscam, e também o que descartam, muito nos falam a respeito da nossa própria situação e nos fornecem uma referência pela qual nos conduzirmos – tanto para perto quanto para longe daquilo que as pessoas em geral costumam acreditar que as faria felizes. Um único aspecto parece bem evidente: não são coisas o que as pessoas estão de fato procurando para fazê-las felizes; o que desejam é educação, saúde e o bastante para viver com dignidade.

Todavia, uma vez enunciadas essas aspirações, os registros se calam. O que as pessoas fazem com aquela educação, aquela saúde e aquela sensação de suficiência desejadas – exceto possuí-las – é obscuro. Com certeza, a mera subsistência não basta. Embora tenhamos algumas informações básicas sobre o que torna a vida suportável, se queremos compreender melhor o que, realmente, faz as pessoas felizes e a vida valer a pena em meio ao *stress* e as tensões, precisamos procurar respostas em outros lugares.

A ciência nos dá uma pista: o ser humano não é simplesmente uma máquina que come/dorme/ri. Não somos neutros na maneira como abordamos a vida. Temos sentimentos, gostos, desejos e a necessidade de buscar o prazer. Não somos organismos programados para viver um determinado número de anos e então desaparecer na bruma do universo sem deixar vestígio. De forma alguma!

Nós agora sabemos que existe alguma conexão entre o nosso ser físico e o emocional. A felicidade é um órgão da alma que necessita ser nutrido. Nós temos uma capacidade inata para a "felicidade", para uma sensação de bem-estar e euforia que é a essência do que significa estar vivo, de o que significa ser humano.

O que fazemos quanto à felicidade, a medicina nos ensina, tem uma estreita relação com o modo como os nossos corpos reagem e nossas mentes se desenvolvem. Nós viveremos mais – asseguram-nos os médicos – e nossas vidas serão mais produtivas se estivermos felizes. O *stress* negativo nos deixa doentes. A felicidade nos vincula à própria vida que vivemos – ou nos desconecta dela do pior jeito possível.

Nós somos criaturas felizes em busca de nós mesmos. Ignorar tal realidade é privar a alma de vida, o coração de esperança, a mente de alegria e a própria vida de energia, produtividade e realizações.

É tão nítida, tão forte essa conscientização atual da dimensão física da felicidade, que estamos, enfim, à beira de compreender que a nossa felicidade se encontra, realmente, em nossas mãos. A felicidade não é algo fluido e tolo, não é uma incursão ao espumante e açucarado, e sim uma parte necessária do que significa estar vivo e ser um membro capacitado e criativo da humanidade.

A felicidade é o que sobrevive a todo o sofrimento do mundo. É um subproduto de aprender a viver bem, a escolher bem, a se tornar inteiro e ser tudo aquilo que somos destinados a ser – para o nosso bem e o bem do mundo.

Enquanto a nova psicologia empenha-se em nos ensinar como identificar as nossas alegrias, estamos também aprendendo que não nos transformamos em criaturas felizes apenas afirmando que o somos. A felicidade é mais do que criar uma imagem na qual se espelhar e então fracassar em atingir, algum dia, a plenitude de nós mesmos.

Nós nos tornamos felizes aprendendo a apreciar o que temos e também alcançando o que almejamos.

Nós nos tornamos felizes cultivando em nós mesmos os mais elevados níveis de respostas humanas – nas artes, cultura, criatividade, entendimento, produtividade e propósito.

Nós nos tornamos felizes concentrando-nos nas dádivas da vida ao invés de nos obcecarmos com as suas possíveis ciladas. Nas palavras de Ezra Taft Benson, "Quanto mais expressamos nossa gratidão a Deus por nossas bênçãos, mais bênçãos Deus irá nos conceder em nossa mente. Quanto mais consciente for a nossa gratidão, mais felizes haveremos de ser". Nós nos tornamos felizes recusando-nos a permitir que fatores externos sejam a medida do apogeu da nossa alma. "Quem tem posses tem preocupações", apregoa o ditado queniano.

Nós nos tornamos felizes negando-nos a nos deixar iludir por acumulação, poder, ou puro utilitarismo, pelos excessos ou retraimento em face aos grandes embates com a vida. Porque é a vida feliz que nos pede mais do que julgávamos possuir e então nos surpreende suscitando em nós um manancial.

Nós nos tornamos felizes definindo um propósito na vida e buscando-o com todo o coração, com toda a energia que nos move. E assim nós, todos nós – aqueles ao meu redor e eu mesma – saberemos, no fim da jornada, havermos vivido bem e feito o bem, teremos conhecido a maré da sensação de bem-estar geral, penetrante, profunda e irresistível, de haver nascido para cumprir um desígnio e tê-lo realizado.

Por fim, devemos aprender a manter nossos olhos fixos na felicidade, ao invés de no mero prazer. É a confusão entre esses dois que põe o objetivo em perigo.

Os Padres do Deserto contam esta história a respeito de um jovem monge:

> Certo dia, um jovem monge perguntou a um dos anciãos por que tanta gente ia ao deserto à procura de Deus e, no entanto, a maioria desistia depois de um curto período e voltava à sua vida na cidade.
>
> O velho religioso retrucou:
>
> – Ontem à noite, ao ver um coelho se esgueirando no meio dos arbustos para se esconder, meu cachorro se pôs a persegui-lo, latindo ruidosamente. Não tardou para que outros cães se juntassem a ele na caçada, correndo e latindo sem parar. O bando percorreu uma longa distância, alertando muitos outros cachorros pelo caminho. Logo os ruídos da perseguição, que se estendeu pela noite adentro, ecoavam pelo deserto. Depois de algum tempo, muitos cães se cansaram e desistiram. Uns poucos continuaram no encalço do coelho até quase o fim da noite. Ao amanhecer, porém, apenas meu cachorro continuava a caçada. Você compreendeu o que eu acabei de lhe dizer? – o ancião indagou.
>
> – Não – respondeu o jovem monge. – Não entendi.
>
> – É muito simples – falou o padre do deserto. – Meu cachorro viu o coelho!

O processo de redefinir a felicidade para nós mesmos consiste em aprender a conservar os nossos olhos fixos no que é real. Uma vez que você saiba, de fato, o que é verdadeiro, jamais deixará de buscá-lo.

CULTURAL

Administração
Antropologia
Biografias
Comunicação
Dinâmicas e Jogos
Ecologia e Meio Ambiente
Educação e Pedagogia
Filosofia
História
Letras e Literatura
Obras de referência
Política
Psicologia
Saúde e Nutrição
Serviço Social e Trabalho
Sociologia

CATEQUÉTICO PASTORAL

Catequese
    Geral
    Crisma
    Primeira Eucaristia

Pastoral
    Geral
    Sacramental
    Familiar
    Social
    Ensino Religioso Escolar

TEOLÓGICO ESPIRITUAL

Biografias
Devocionários
Espiritualidade e Mística
Espiritualidade Mariana
Franciscanismo
Autoconhecimento
Liturgia
Obras de referência
Sagrada Escritura e Livros Apócrifos

Teologia
    Bíblica
    Histórica
    Prática
    Sistemática

VOZES NOBILIS

Uma linha editorial especial, com importantes autores, alto valor agregado e qualidade superior.

REVISTAS

Concilium
Estudos Bíblicos
Grande Sinal
REB (Revista Eclesiástica Brasileira)

VOZES DE BOLSO

Obras clássicas de Ciências Humanas em formato de bolso.

PRODUTOS SAZONAIS

Folhinha do Sagrado Coração de Jesus
Calendário de mesa do Sagrado Coração de Jesus
Agenda do Sagrado Coração de Jesus
Almanaque Santo Antônio
Agendinha
Diário Vozes
Meditações para o dia a dia
Encontro diário com Deus
Guia Litúrgico

CADASTRE-SE
www.vozes.com.br

EDITORA VOZES LTDA.
Rua Frei Luís, 100 – Centro – Cep 25689-900 – Petrópolis, RJ
Tel.: (24) 2233-9000 – Fax: (24) 2231-4676 – E-mail: vendas@vozes.com.br

UNIDADES NO BRASIL: Belo Horizonte, MG – Brasília, DF – Campinas, SP – Cuiabá, MT
Curitiba, PR – Fortaleza, CE – Goiânia, GO – Juiz de Fora, MG
Manaus, AM – Petrópolis, RJ – Porto Alegre, RS – Recife, PE – Rio de Janeiro, RJ
Salvador, BA – São Paulo, SP